강남빌딩
건물주를
목표로 하는
사람들

〈일러두기〉

1. 이 책에 실린 지도(출처 디스코) 중 일부 이미지에는 개인 사유지의 주소를 공개할 수 없어, 모자이크로 처리하였습니다.

2. 카카오맵 지도에는 QR코드를 실었습니다. 링크로 접속하면 해당 지도를 확인하실 수 있습니다.

강남빌딩 건물주를 목표로 하는 사람들

강성일 지음

이담북스

들어가며

투린이들의 세상을 위하여

안녕하세요. 강남에서 빌딩매매를 전업으로 활동하고 있는 강성일_{필명} 강 소장입니다. 저는 건국대학교에서 부동산을 전공했고 2014년부터 부동산 중개업을 시작한 프로세일즈맨_{외국계 보험사 돌방영업 MDRT 3w 57주}이자, 중개영업 특히 상가전문가_{「상가중개영업 실무. 이 책 한 권이면 끝」, 「공인중개사 연봉 1억 영업실무」 저자} 출신입니다. 때문에 빌딩 건물을 분석할 때 근린생활시설과 관련된 내용 즉, 상권과 입지 그리고 수익률_{임차구성}의 개념에서 강점을 가지고 있습니다.

이 책은 '강남빌딩 건물주를 목표로 하는 사람들' 이하 '강건사' 네이버 카페_{https://cafe.naver.com/ksijoy}를 운영하면서 작성한 콘텐츠를 기본으로 구성했습니다. 강건사 카페는 문자 그대로 강남빌딩 건물주를 목표로 하는 사람들이 궁금해하는 빌딩 건물의 매입 관리 매각에 관한 모든 지식을 공유하는 것을 목적으로 운영하고 있습니다. 빌딩 건물 매입에 관심이 있는 사람이라면 누구나 가입해서 모든 콘텐츠를 볼 수 있습니다. 제한된 내용을 가지고 여러 주제로 글을 작성했기에 다소 중복되는 내용이 있을 수 있는 점 양해 부탁드립니다. 책 내용은 매입의 주체인 '매수자의 시각'에서 작성했습니다. 부동산 중개인이 볼 때는 빌딩매매 실무지침서가 되겠습니다.

매수자가 고민하는 부분은 세 가지입니다.

1. 가격
2. 수익률
3. 매매차익 미래가치

- 가격은 현재 시장에 나와 있는 매도가격이 적정한지? 그리고 조정이 가능한가?
- 수익률은 현재의 수익률과 직접 관리 이후 수익률이 얼마나 상승이 가능한가?
- 미래의 어느 시점에 매매를 생각할 때 과연 얼마의 가격으로 되팔 수 있는가?

구매자가 원하는 것은 현재의 수익률과 미래의 매매차익 미래가치 그리고 구매 당시의 가격이 전부입니다. 그럼 구매하는 당시에 최대한 마음에 드는 물건을 선택해서 가장 최저 가격으로 구매해야 원하는 목적을 이룰 수 있습니다. 이러한 부분은 내가 원한다고 해서 모두 이룰 수 있는 것이 아닙니다. 예를 들면 '디스코'라는 부동산 실거래가 제공 사이트에 들어가면 실거래 가격과 매물정보 두 가지를 한 번에 같이 볼 수 있습니다. 실거래는 현재 시장에 나온 물건들의 가격에 비해 저렴한 반면, 팔려고 내놓은 매물들은 모두 한결같이 실거래보다 비쌉니다 매매하고자 시장에 내놓은 물건의 현재 가격을 매도호가라고 하고, 실제로 거래된 과거의 가격을 실거래 사례라고 합니다.

이러한 상황을 볼 때, 실제 거래가 이루어지는 것들은 모두 최초에 나온 가격보다는 할인이 돼서 거래가 이루어진다는 뜻입니다. 그럼 매도인은 '어떻게 가격을 낮추게 되었고 그 시점은 언제인가?'라는 의문이 생깁니다. 아마도 가격을 낮춰서 팔아야만 하는 개인 사정이 크게 작용했을 겁니다. 돈이 급하게 필요한 상황입니다. 예를 들어 건강 문제, 정부 정책, 구매하고 싶은 물건 발견, 고령화, 자녀 상속상속세 재원 마련, 자녀 결혼 등과 같은 이벤트가 대부분입니다.

건물주가 고령이라면 사람은 언젠가는 죽는다는 사실을 두고 남겨진 사람끼리 싸우거나 고통받지 않게끔 정리하는 것이고, 그렇지 않다면고령이 아니라면 빌딩 건물을 업그레이드하는 것이 대부분입니다.

이러한 사실은 구매자에게 두 가지를 시사합니다.

첫째, 빌딩 건물을 구매하기로 했다면 현재 시장에 나온 매물에 대한

정보는 대략적이라도 알고 있어야 하며, 급하게 서둘러서 계약할 필요가
없다.

둘째, 빌딩 전문 부동산을 통해서 물건정보를 계속 제공 받는다.

현재 나온 매물들도 언젠가는 거래가 될 겁니다. 거래되는 요인은 바로
가격 할인입니다. 가격 할인은 확정된 사실이고요. 어느 시점에 얼마나 할
인될 것인가? 이것이 문제입니다. 물론 비싼 가격에도 거래가 되기는 하
지만, 요즘 시대에는 '호구 고객'보다는 '똑똑한 고객'이 월등히 많습니다.
비싼 가격으로 거래되는 지역이란? 강남 압구정로데오거리 또는 강남구
대로변과 같이 상징성이 있는 지역을 말합니다.

빌딩 전문 부동산과 그 외 부동산 중개업소는 분명한 차이점이 존재합
니다. 빌딩 전문 부동산은 빌딩 건물의 매매만을 다루지만, 그 외 부동산
은 임대와 매매 둘 다 다룹니다. 따라서 전문성과 물건의 양과 컨설팅의
질 또한 다를 수밖에 없습니다. 하지만 중요한 점은 부동산 중개업도 사
람이 하는 일이기에 개인역량에 따라 차이가 존재한다는 점입니다. 예로
부터 우리나라는 학연ㆍ지연ㆍ혈연의 연속성이 있다 보니 로컬부동산을
통해서 거래되기도 합니다.

부동산 중개인 시점에서 시장 상황을 조금 더 구체적으로 말씀을 드리면, 현재 시장에 나온 빌딩 건물의 개수는 정해져 있으며 그중 팔리는 것에도 순위가 정해져 있습니다. 꼭 그런 건 아니지만 보편적으로 빨리 팔리는 물건들이 좋은 물건이라고 생각하시면 됩니다. 가격할인이라는 요인이 가장 중요하지만, 가격도 개별입지와 상권 수익률과 같은 요인들의 틀 안에서 즉, 같은 레벨 군에서 가격의 차이가 있을 때 거래가 진행됩니다.

　구매자 입장에서 가장 합리적인 방법은 빌딩 전문 부동산이든 아니면 로컬부동산이든 정보를 계속 얻는 것이 중요합니다. 또한 일을 잘하는 중개인과 관계를 계속 이어가야 시장에서 거래가 될 만한 물건에 대한 정보를 빨리 얻을 수 있습니다. 그래서 빌딩 전문 부동산을 통해서 꾸준히 정보를 제공받는 것이 필요합니다 많은 물건을 소개해 드릴 수 있기 때문입니다. 일 잘하는 사람은 여기서 계약 건수와 중개보수로써, 일반 컨설턴트들과 큰 차이를 보이게 됩니다. 구매자 입장에서는 컨설팅 능력과 가격할인에 대한 정보를 제공받는 것입니다.

　컨설팅 능력은 세 가지입니다.
　1. 가격조정능력

2. 수익률 분석

3. 매매차익 _{원하는 시점과 금액으로 팔아줄 수 있는가?}

빌딩 시장에서 가격조정은 매도인의 의지입니다. 하지만 능력 있는 컨설턴트들은 가격할인에 대한 조언 역할도 겸하고 있습니다. 수익률은 숨어있는 내재가치를 판단해서 실제로 구현화하는 작업을 말합니다. 이것은 빌딩에 따라서 상가와 사무실 _{근생용도} 부분으로 구분됩니다. 상가 사무실의 시세를 알고 임차 구성까지 가능한 인력을 쓰시면 매입 이후가 편해집니다.

매매차익은 과거의 데이터로부터 유추하는 방법과 만들어진 수익률에 따라서 매매가격을 업할 수 있습니다. 매수인 입장에서는 나중에 실제로 되팔아 줄 수 있는 능력이 있는지를 보셔야 합니다.

'강남빌딩 건물주에 도전하는 사람들'에 한 걸음 내딛으신 걸 진심으로 환영합니다. 이제 세부 키워드로 하나하나 들어가 보겠습니다. 여러분들의 건승을 기원합니다.

강성일 드림

목차

세 챕 빌딩 매입 필수 실무지식

네 채 구매 이후 관리의 모든 것

다섯 채 서울지역 실거래 사례 분석

빌딩 시장 진입을 위한 동기부여

한채

건물주라 불리는
그들은 누구인가?

　사람들은 누구나 경제적인 성공을 희망합니다. 정확히 말하면 경제적인 안정이 되겠지요. 우리나라는 자본주의 국가입니다. 개인은 능력껏 돈을 벌 수 있고, 그 돈으로 삶을 풍요롭게 살아갈 수 있습니다. 반면에 돈이 없으면 삶이 팍팍해집니다. 돈이 있으면 그만큼 삶을 즐기고 더 많은 기회를 누릴 수 있게 됩니다. 그래서 어른들은 아이들에게 공부를 열심히 하라고 얘기합니다. 좋은 대학을 들어가야 대기업, 공기업 등 더 좋은 회사에 입사할 수 있는 확률이 높아지기 때문입니다.

　물론 공부를 잘하지 못해도 다른 분야에서 뛰어난 재능이 있다면 충분히 성공할 수 있습니다. 어느 특정 분야에서 두각을 나타낸다면 돈은 자연스럽게 따라오게 되겠지요. 하지만 이렇게 자신이 속한 분야에서 성공하는 사람들은 극소수입니다. 이것은 '재능'이 있어야 가능합니다. 재능은 누구에게나 있는 것이 아닌 타고나는 것이기 때문입니다.

그럼 재능이 있는 사람들보다 없는 사람이 월등히 많을 텐데, 대다수의 사람들은 경제적인 성공과 안정을 위해서 어떠한 목표를 가지고 있을까요? 우선 우리가 돈을 벌기 위한 방법을 먼저 살펴봅시다.

1. 일해서 돈을 버는 방법

2. 사업을 하는 방법

3. 상속 증여를 통해서 돈이 생기는 방법

4. 투자해서 돈을 버는 방법

이렇게 네 가지로 구분해볼 수 있습니다. 아마도 금수저 부모님을 두고 있지 않은 이상, 대부분의 사람들은 일을 해서 돈을 버는 방법으로 벌고 있을 겁니다. 그중에서 개인역량이 뛰어난 사람들은 개인 사업으로 돈을 벌거나 아니면 명문대를 나와서 대기업에 다니거나 또는 전문자격증을 취득해서 전문직으로써 높은 연봉을 받을 수도 있습니다. 개인 능력이 없어도 금수저를 물고 태어났다면 상속 증여를 통해서 돈이 생기기도 합니다.

그럼 이렇게 일해서 돈을 벌거나 사업 또는 상속 증여를 통해 어느 정도의 돈이 모이면 이 돈을 어떻게 굴릴지 고민하게 됩니다. 여기서 '재테크'라는 개념이 등장합니다. 재테크는 돈이 돈을 벌게 하는 방법을 말합니다. 쉽게 말해 돈 10억을 은행에 맡기기만 해도 이자를 주지요? 저축은행 금리가 2021년 3월 기준으로 2% 초반 정도 됩니다. 2%로 가정할 때 매년 2,000만 원의 이자소득이 발생하게 됩니다. 그럼 은행 예금이 재테크의 최선일까요?

재테크의 방법으로는 은행 예금과 적금, 주식 투자, 부동산 투자 3개가 대표적이고 가장 선호하는 방법입니다. 재테크 수단을 비교해볼 때 우리는 안전성, 수익성, 환금성 이렇게 3개의 기준점과 리스크를 가지고 판단하게 됩니다. 리스크는 원금손실의 위험을 말합니다. 안전성은 리스크와 반대되는 개념입니다. 수익성은 수익이 얼마나 되는지를 뜻하는 지표를 말하고 환금성은 돈으로 환전되는 것을 말합니다.

안전성이 높으면 수익성은 떨어집니다.
안정성이 높으면 환금성도 좋습니다.
수익성이 높으면 안정성은 떨어집니다.
수익성이 높으면 환금성은 높을수도 낮을수도 있습니다.
환금성이 높으면 안정성도 좋습니다.
환금성이 높으면 수익성은 높을수도 낮을수도 있습니다.

그럼 최선의 선택은 무엇일까요? 투자하는 금액에 따라서 그리고 선호하는 가치에 따라서 최선의 선택은 달라질 수 있습니다. 아마도 이 글을 읽고 계시는 분들은 부동산 투자 중 빌딩 건물 쪽으로 관심이 많으실 거라 생각합니다. 저는 강남에서 빌딩매매를 주된 업으로 활동하고 있지만, 역시 여러분들처럼 부동산 투자에 관심이 많습니다. 쉽게 말해 '강남빌딩 건물주'를 목표로 하고 있습니다.

그럼 저는 왜 강남빌딩 건물주를 목표로 하고 있을까요?

1. 경제적인 성공과 안정을 원한다.

2. 일을 하지 않아도 매월 입금되는 월세는 나에게 경제적인 안정성을 가져다준다.

3. 돈을 벌기 위해 일하는 것이 아니라 내가 좋아하는 일을 할 수 있다.

4. 내가 좋아하고 하고 싶어 하는 일을 하니, 업무 능률이 오르고 뛰어난 실적을 달성하게 된다.

5. 자연스럽게 돈이 따라온다.

1번부터 5번까지 읽어보시면 아시겠지만, 결국 목표는 경제적인 성공과 안정입니다. 이는 한 번뿐인 인생을 행복하게 살고 싶다는 욕구를 표현하는 것이기도 합니다. 그럼 결과적으로 한번 생각해 봅시다. 우리는 건물주를 원합니다. 건물주는 돈이 있고 그 돈으로 건물을 구매해서 매월 월세를 받는 사람들입니다. 그럼 빌딩 건물을 구매할 자금이 있었을 텐데요. 아마도 자력으로 돈을 모았거나, 아니면 대출_{투자}을 받았거나, 아니면 상속 증여를 받았을 겁니다. 상속 증여는 부모에게서 받은 것이니 자신의 능력 외로 평가하겠지만, 앞서 두 가지의 경우는 개인 능력_{신용 포함}으로 평가받는 항목입니다.

실제 빌딩매매를 하다 보면 여러 유형의 손님을 만나게 됩니다. 자수성가 또는 상속 증여 두 가지입니다. 확률은 5:5 정도입니다. 매매가격이 낮을수록 자수성가의 비중이 더 높아지는 것을 확인할 수 있었습니다. 반면 매매가격이 높아질수록 상속증여의 비중이 높아집니다.

이 글을 보시는 많은 분들은 미래의 건물주를 꿈꾸는 분들입니다. 현실적으로 최소한 현금 10억 정도는 있어야지 대출을 포함해서 수도권에 소재한 근린생활시설 주택이 없는로 이루어진 빌딩이라고 부를 수 있는 건물을 검토해볼 수 있습니다. 그럼 현금 10억을 모은 사람들은 어떤 사람들일까요? 2021년 현재 서울에 있는 준공 5년 이하 아파트 한 채만 팔아도 현금 10억은 마련할 수 있습니다. 아파트 가격이 최근 5년간 급등해서 현금 10억이라는 돈을 쉽게 보는 경향이 있습니다. 그럼 현금 10억이라는 금액이 누구나 노력하면 가질 수 있는 금액일까요?

현금 10억은 매우 큰 금액입니다. 자수성가로 현금 10억을 모으려면 한 분야에서 전문가라고 할 수 있을 만큼의 전문성을 가진, 최소한 연봉 1억 이상의 고연봉자일 확률이 높습니다. 아니면 고연봉을 주는 대기업을 다니고 있다 하더라도, 대학 졸업 후 20대 중후반에 입사하여 초고속 승진해서 등기임원이 된 현재 40대 중반이라고 하더라도, 그동안 받은 연봉을 모두 더해도, 생활을 위해 소비했을 테니 현금 10억을 가지고 있을 확률은 매우 낮습니다.

제가 말씀드리고자 하는 것은 건물주 되는 길이 쉽지 않다는 점입니다. 자력으로 건물주가 되었다면 그 사람은 사회적으로 성공 경험이 있는 사람으로 판단할 수 있습니다. 그리고 재능이 있는 사람들보다 그렇지 않은 사람이 훨씬 많습니다. 재능이 없는 사람들은 어떻게 하면 될까요?

2014년 이전에 서울권에서 30평대 아파트를 구매해서 지금까지 갖고 계신 분들은 이미 현금 10억은 만들 수 있는 여력이 있는 분들입니다. 그리고 현금 10억은 없지만 그래도 열심히 살아서 5억 이하의 자산을 보유한 분들도 많겠지요. 이런 분에게도 기회는 있습니다. 이제 이 책을 통해 건물주로 가는 길에서 보게 되는 많은 볼거리를 함께 살펴봅시다.

임대소득
월 1,000만 원 만들기

    매월 월세로 1,000만 원 정도를 받으면 기분이 어떨까요? 보통 사람들이 희망하는 건물주의 모습을 저는 월세 1,000만 원 정도의 수준이라고 생각합니다. 서울권 기준으로 연 수익률 4% 정도면 괜찮은 물건으로 생각해서 구매가 이루어집니다. 월 1,000만 원 연 1.2억을 4%로 나눠보면 30억이라는 계산이 나옵니다.

    만약 내가 월 1,000만 원이 나오는 빌딩 건물을 가지고 있다면, 4%의 수익률에 맞춰서 가격을 30억으로 시장에 내놓으면 거래될 확률이 매우 높다고 말할 수 있습니다. 그럼 다시 구매자 입장에서 현금 10억 정도가 있으면 대출을 이용해서 진행할 수 있습니다. 자금은 이자 비용이 발생하는 은행 대출과 현재 임차인들이 내준 보증금이 있습니다. 보증금이 2억이고 은행에서 매매가격의 70%까지 대출을 받는다면 _{2021.03 현재 1금융권 시장금리는 개인 2.5% 법인은 2.2% 정도 수준} 21억 대출, 보증금 2억 합 23억을 조달받아서 구매가 가능합니다. 그럼 현금 7억에 1.5억이 있으면 _{취득세 및 부대비용 합 5% 계산} 구매가 가능합니다. 그럼 개인으로 구매했다고 가정하고, 21억에 2.5% 금리를 적용하면<small>연간 금융비용은 5,250만 원 월 437.5만 원</small> 월 순소득은 562.5만 원<small>1,000만 −437.5만</small>입니다.

실제로 이런 경우 매수자는 많은데 매도인이 거의 없는 편입니다. 그래서 서울 기준 4% 수익률이라면 계약되는 것이 시장 상황입니다. 현재 매도호가 50~60억 정도에 나와 있는 경우는 3~10년 이내에 현재 매매가의 50~70% 수준으로 구매해서 내놓은 경우가 매우 많습니다. 수익률은 대부분 3% 정도가 가장 많습니다. 강남권은 3% 이하가 대부분입니다.

강남이 아닌 지역은 3.5% 이상 물건이 그래도 종종 나오는 편입니다. 강남 포함 인기 지역을 제외하면 아직까지 거래 사례가 많지 않아서, 이 말인즉슨 비인기지역인 만큼 수요가 많지 않아서 거래 자체가 별로 없었습니다. 그래서 오랫동안 가지고 있었던 원주민이 파는 1차 매매가 비교적 낮은 매매가로 수익률 3~4% 사이에 나오게 됩니다.

서울은 한강을 중심으로 '강남권'과 '비강남권'으로 구분할 수 있습니다. 땅값이 비싸고 선호하는 구를 총 5그룹으로 나눠볼 수 있습니다<small>개인적인</small>

<small>견해입니다.</small>

1그룹 강남 서초 송파

2그룹 마포 용산 성동

3그룹 동작 영등포 강동 광진 종로 중구 구로

4그룹 노원 동대문 강서 양천 성북 관악 서대문 중랑

5그룹 도봉 금천 은평 강북

1그룹부터 2그룹까지는 대로변과 도로변에서 나올 만한 것들은 이미 손 바뀜이 이루어졌고 손 바뀜이 없는 것들은 내놨다가, 다시 들여놓은 경우가 대부분입니다. 특히 강남 포함 인기지역이 그렇습니다. 현재는 2~3차 매매 상황입니다 2010~2021년 현재까지 한 번 이상 거래된 경우. 3그룹부터는 1차 매매가 종종 나오고, 4~5그룹 그래도 1차 매매가 많다고 볼 수 있습니다 그동안 거래가 가장 없었으니까요.

결국 돈이 최소한 현금 10억 정도, 적어도 6~7억 정도는 있어야 운이 따라주면 괜찮은 물건을 살 수 있습니다. 그럼 돈 모으기부터 해야겠죠? 그럼 돈 모으는 방법을 함께 알아봅시다. 이번 장에서는 대략적인 소개만 하고자 합니다.

역시 부동산 투자가 메인이 되고, 본인의 주업을 열심히 해서 저축해야 합니다. 부동산 투자의 장점은 실물을 구매하는 안전자산이라는 점과 활용도에 따라서 수익률이 높다는 점입니다. 또한 토지가격은 매년 상승하므로 싸게 사서 수익률을 만들고 수익률에 맞춰서 비싸게 판다는 것이 핵심입니다.

필요자금 현금 3억으로 대출 포함 8억 이하 부동산을 구매한다.

1. 직접 거주가 가능하면서 월세가 나오는 상가 주택 또는 다가구 주택이 있다.

2. 전세를 살면서 수익형 부동산을 구매한다(원·투룸 건물, 고시원으로 사용 가능한 근생건물 등).

3. 필요하다면 수도권으로 눈을 돌릴 수 있다.

아래 이미지를 보시면 2020~2021년 4월 시점까지 디스코에 올라온 실거래가 8억 이하 단독 다가구 상가주택에 대한 매물입니다. 군자역에서 어린이대공원 방향으로는 거래 사례가 별로 없지만, 중곡역 방향으로는 많이 보입니다. 붉은색 네모 칸들은 8억 이하 매매 건을 표시한 것입니다.

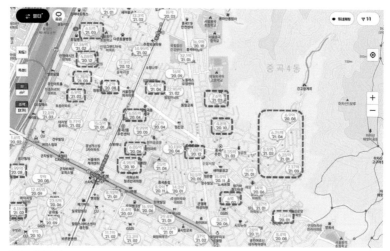

2020~2021.04
8억 이하 광진구 군자역 일대 실거래 사례
출처: 디스코(www.disco.re)

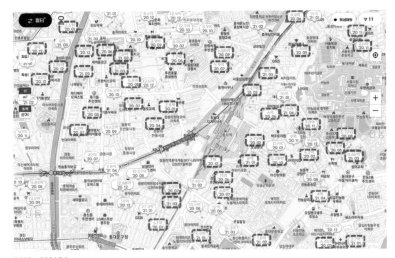

2020~2021.04
8억 이하 동대문구 청량리역 일대 실거래 사례
출처: 디스코(www.disco.re)

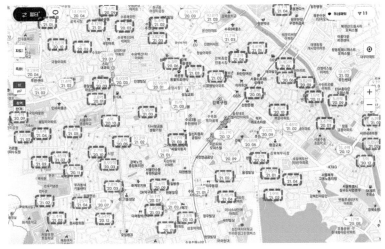

2020~2021.04
8억 이하 강북구 수유역 일대 실거래 사례
출처: 디스코(www.disco.re)

강북의 중심 수유동은 8억 이하 거래 건수가 상당히 많이 보입니다. 청량리역은 GTX로 요즘 핫한 지역입니다. 이러한 호재 때문이었을까요? 상당히 많은 거래 사례를 볼 수 있습니다.

상봉역, 망우역 일대 실거래 사례입니다. 망우역 쪽은 8억 이상 거래 사례가 많은 것이 눈에 띕니다. GTX로 인해서 미래가치가 반영돼서 거래된 듯합니다. 그래도 전체적으로 8억 이하 거래가 많았습니다.

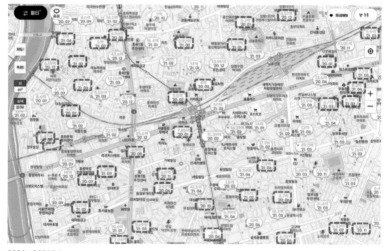

2020~2021.04
8억 이하 중랑구 상봉역 일대 실거래 사례
출처: 디스코(www.disco.re)

남쪽은 성내동 북쪽은 천호동입니다. 천호동은 8억 이하 거래가 많았습니다.

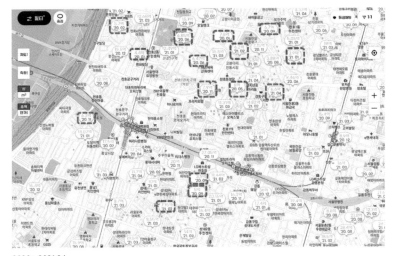

2020~2021.04
8억 이하 강동구 천호~강동역 일대 실거래 사례
출처: 디스코(www.disco.re)

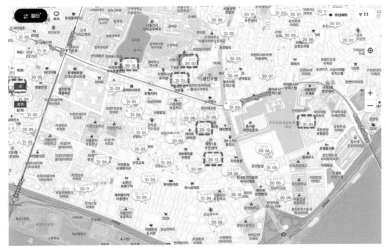

2020~2021.04
8억 이하 광진구 자양동 일대 실거래 사례
출처: 디스코(www.disco.re)

자양동은 강남과의 접근성이 좋고 한강도 인접해 있어서 가격 상승이 꾸준히 있었던 지역입니다. 7건의 8억 이하 거래 사례가 있었습니다.

송파는 강남 3구라고 해서 강남이 올라가면 같이 올라가는 지역입니다. 송파구는 8억 이하 거래 사례가 단 한 건도 없었는데, 10년 후 매매 가격이 궁금해집니다.

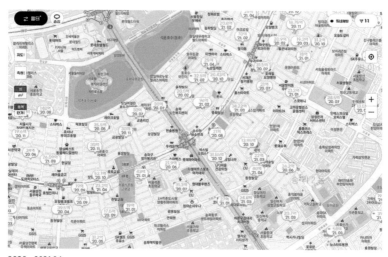

2020~2021.04
8억 이하 송파구 석촌역 일대 실거래 사례
출처: 디스코(www.disco.re)

상권과 입지
보는 방법

   빌딩 건물은 한두 푼 하는 것이 아닌 만큼 구매에 매우 신중하게 접근해야 합니다. 또한 구매 이후 계약을 취소하려면 금전손해가 발생하기 때문에 '과연 최선의 선택인가?'라는 질문을 다시 한 번 생각하면서 결정과 동시에 후회가 없어야 합니다. 주거용이라면 상권과 입지가 그렇게 중요하지 않을 수도 있지만, 주거를 제외한 용도라면_{근생 또는 사무용} 상권과 입지를 정확하게 판단해서 현재가치와 비슷하거나 저렴하게 구매해야 합니다.

   보통 매수인들은 부동산 중개인을 통해 물건을 소개받게 됩니다. 중개인들은 거래가 성사되어야 중개보수가 지급되니 단점을 정확하게 알려주기 어려운 것도 사실입니다. 또한 빌딩 건물매매를 전문으로 하는 중개인도 많지 않기에, 물건에 대한 정확한 정보를 얻는 데 한계가 있습니다. 결국 원하는 물건을 구매하는 주체는 본인이고, 후회가 없으려면 본인 스스로가 많이 알고 분별력 있게 판단해야 합니다.

🏛 매수자의 희망 조건

1. 금액

2. 지역

3. 현재 수익률

🏛 체크포인트

1. 최적의 용도는 무엇인가?

2. 최고 수익률은 어떻게 되는가?

3. 발생 비용은 얼마나 되겠는가?

4. 향후 매각차익은 어떻게 될 것인가?

🏛 물건 구매를 결정하는 핵심요인

1. 매매가격

2. 수익률

3. 미래가치

+ 상권과 입지 (상권과 입지를 추가한 것은 세부요인 중 가장 중요하기 때문입니다)

여러 개의 물건이 있으면 선택을 해야 합니다. 부동산 특성상 상권과 입지는 이미 정해져 있습니다. 또한 매도인이 받고자 하는 금액도 어느 정도 선에서 정해져 있습니다. 금액, 지역, 현재 수익률은 이미 정해진 조건으로 내가 바꿀 수 없는 것들입니다. 그럼 정해진 조건에서 최선의 선택을 해야 하는데, 최선의 선택은 사람마다 원하는 가치가 모두 다르므로 같을 수는 없습니다. 하지만 보편적으로 물건 구매를 결정하는 핵심요인은 3개 + 상권과 입지 정도입니다.

그럼 우리는 구매하기 전에 위에서 언급한 핵심요인의 개념 파악이 선행되어야 하고, 물건에 적용할 때 어떠한 가치가 있는지를 분석할 줄 알아야 합니다.

우선순위는 사람마다 다릅니다. 일반적으로 사용 가능한 현금과 조달가능한 대출을 포함해서 구매 가능한 금액이라고 할 수 있습니다. 즉 내가 구매할 수 있는 금액도 이미 정해져 있다는 말이 되겠지요. 따라서 아무리 상권입지, 수익률, 미래가치가 좋더라도 구매 가능한 물건들 내에서 즉, 사용금액 내에서 구입이 가능하다는 말입니다.

그다음이 수익률과 상권 그리고 입지입니다. 수익률은 현재의 수익률을 말하며 상권과 입지는 물건의 가치를 말합니다. 물건의 가치는 현재의 매매가격으로 표현할 수 있습니다. 일반적으로 상권과 입지가 좋을수록 임차인들이 높은 임대료를 지불하게 되고 임대료가 높다는 것은 그만큼 지불가치가 있으니 임차인들도 입점했겠죠? 높은 임대료는 그에 상응하는 수익률로 전환이 됩니다. 수익률이 높아질수록 매매 가격을 올릴 수 있으니 즉, 상권과 입지가 좋으면 좋을수록 물건의 가치가 뛰어나며 물건의 가치가 뛰어날수록 매매가격은 올라가게 됩니다.

상권과 입지는 물건 전부라고 봐도 될 정도로 중요한 의미라고 할 수 있습니다. 그럼 상권과 입지 중 무엇이 더 우선순위일까요? 매수자 입장에서 가장 1순위는 '입지'입니다. 입지는 변하지 않는 부동산의 영속된 속성으로 각각의 부동산마다 주어진 입지에서 최적의 용도로 쓰이게 됩니다. 반면 상권은 주어진 입지에서 현재의 활용도를 권역으로 묶어서 소비가 이루어지는 범위를 상권이라 부르게 됩니다.

상권은 새로 생기기도 하고 사라지기도 합니다. 수명이 존재한다고 말할 수 있겠습니다. 좋은 상권은 소비의 단위가 크고 거래 발생빈도가 높을수록 인구 집객성이 높고 유동인구가 많고 권역이 넓은 곳을 말합니다. 이런 곳들은 매우 비쌉니다. 강남역 상권은 서울 전 지역에서 사람이 모이는 S급 상권으로 지하철 출구별로 상권이 구분되며, 각각의 상권마다 특성이 모두 다른 넓은 상권입니다. 이런 곳들은 매우 비싼 금액으로 거래되는 지역입니다.

입지가 더 중요하다고 말씀을 드렸습니다. 입지를 볼 때 무엇을 어떻게 판단해야 하는지 알아봅시다.

1. 지하철역과의 도보 거리

2. 언덕 여부

3. 배후세대

4. 코너 여부

5. 도로접 유무

6. 용도지역

🏛 지하철역과의 도보 거리

역세권은 지하철역에서 도보로 5분 이내를 말하는 용어입니다. 같은 연식 아파트라도 역세권인지 아닌지에 따라서 가격 차이가 크게 납니다. 입지의 차이가 돈으로 환산되는 대표적인 예입니다. 같은 역세권이라고 하더라도, 빌딩 건물을 볼 때 역세권은 단순히 역세권 여부만 따지지 말고 소비가 가능한 출퇴근 동선상에 있는지를 봐야 합니다. 단 주거용이라면 단순 거리만 보시면 됩니다.

빌딩 건물에서 월세가 가장 많이 나오는 곳은 1층과 2층 순입니다. 1층 월세를 많이 받으려면 유동인구가 많고 전면이 넓어서 가시성이 좋고, 코너 자리라서 2~3면이 노출될수록 유리합니다. 이런 곳일수록 수요자가 많아서 월세가 올라가게 됩니다. 도로를 접하고 있으면 더욱 좋습니다.

🏛 언덕 여부, 배후세대, 코너 여부, 도로접 유무

역세권이라고 하더라도 경사가 있는 언덕에 자리 잡고 있다면, 들어갈 수 있는 업종은 제한적이므로 높은 월세를 받기가 어렵습니다. 배후세대는 많으면 많을수록 좋습니다. 특히 고밀도 주거지의 대표 격인 아파트 단지가 있는 것이 가장 좋습니다. 세부적으로는 아파트 단지 평수와 세대수 그리고 매매가격 지역까지 봐야 합니다.

코너는 2거리 코너보다는 3거리, 4거리가 더욱 좋습니다. 그래야 유동인구가 더 많고 노출빈도가 올라가니 소비력은 더욱 향상됩니다. 소비력이 크면 클수록 월세를 높게 받을 수 있게 되고요. 도로를 접하고 있으면 좋으나, 너무 넓은 도로는 좋지 않습니다. 넓은 도로는 차량 통행만 있을 뿐 실질적인 소비가 이루어지기 어렵습니다. 편도 1~2차선 정도까지는 횡단보도를 건너가서 소비가 이루어진다고 보지만, 편도 3차선 이상이 되면 마주 보는 곳은 별개의 상권으로 봐야 합니다.

🏛 용도지역

용도지역은 도시지역, 관리지역, 농림지역, 자연환경보전지역으로 구분되며, 다시 도시지역은 주거지역, 상업지역, 공업지역, 녹지지역으로 구분됩니다.

용도지역			건폐율(%)	용적률(%)
1. 도시지역	주거지역	전용주거 제1종 전용	50	50~100
		전용주거 제2종 전용	50	100~150
		일반주거 제1종 일반	60	100~200
		일반주거 제2종 일반	60	150~250
		일반주거 제3종 일반	50	200~300
		준주거지역	70	200~500
	상업지역	중심상업지역	90	400~1,500
		일반상업지역도시지역	80	300~1,300
		근린상업지역	70	200~900
		유통상업지역	80	200~1,100
	공업지역	전용공업지역	70	150~300
		일반공업지역	70	200~350
		준공업지역	70	200~400

1. 도시지역	녹지지역	보전녹지지역	20	50~80
		생산녹지지역	20	50~100
		자연녹지지역	20	50~100
2. 관리지역		보전관리지역	20	50~80
		생산관리지역	20	50~80
		계획관리지역	40	50~100
3. 농림지역			20	50~80
4. 자연환경보전지역			20	50~80

출처: 국토의 계획 및 이용에 관한 법률 시행령(약칭: 국토계획법 시행령)

여기서 우리는 빌딩 건물들이 주거 상업지역에 대부분 자리 잡고 있다는 점과 주거지역보다는 상업지역 땅값이 더 비싸다는 점을 알아야 합니다. 왜냐하면 더 높이 올릴 수 있으니 땅의 활용도가 더 높다는 말이 되겠지요?

용도지역 표를 보시면 개별 지역별로 건폐율과 용적률이 보입니다. 땅은 각각의 지역별로 건폐율과 용적률이 다릅니다. 건폐율은 땅에서 건축이 가능한 면적을 말하고 용적률은 건물을 올릴 수 있는 법적인 허용치를 말합니다. 하지만 각각의 땅의 용도별로 용도지구와 용도 구역이라는 개념이 존재합니다. 이것은 각각의 특성대로 용적률을 허용하지 않을 수도 있습니다. 참고로 지구단위계획구역에 묶여있는 빌딩 건물은 단독으로 신축이 안 될 수도 있습니다.

상권과 입지 그리고 각 용도지역은 빌딩 건물의 가격과 어떠한 상관관계가 있을까요? 보편적으로 주거지역보다는 상업지역 땅 가격이 비싸지만, 꼭 그렇지도 않습니다. 주거지역이지만 상권이 형성되고 집객력이 있는 지역은 상업지역만큼 가격이 비싸기도 합니다.

출처: 카카오맵(https://map.kakao.com)

위 지도는 강남지역 지도입니다. 빨간색은 상업지역이고, 노란색은 진한 크기에 따라서 1~3종 주거지역으로 나누어집니다. 강남역에서 선릉역 그리고 삼성역까지 대로변을 테헤란로라고 합니다. 대형빌딩들이 들어선

곳으로 강남을 상징하는 대표성을 지닌 도로변으로써, 국내에서 가장 비싼 빌딩들이 들어선 라인이라고 보시면 됩니다. 보다시피 테헤란로는 상업지역으로 되어 있습니다.

그럼 강남에서 가장 핫한 지역은 어디일까요? 얼마 전까지는 신사동 가로수길이었지만, 지금은 압구정로데오역 쪽으로 상권이 이동하고 있습니다. 이것은 대로변과 도로변을 접하고 있는 지역이 전통적인 입지의 우선순위라는 것을 무시하는, 순수하게 상권 우선순위인 수요에 의해서 만들어진 현상입니다.

과연 이 현상을 어떻게 봐야 할까요? 거품이 끼었다고 볼 수도 있겠지만 강남이 가지는 특수성과 상징성이 있고, 우리나라에서 가장 비싼 아파트 중 하나인 압구정동 아파트 바로 아래에 위치한 입지이니 집객효과와 유동인구도 많습니다. 게다가 많이 팔아야 높은 매출이 나오는 것이 아닌, 돈이 있는 사람들이 돈을 쓰는 지역이기에 높은 매출이 가능한 업종들로 이루어졌습니다. 그만큼 높은 월세를 감당할 수 있으니 이것은 높은 수익률로, 높은 수익률은 다시 높은 매매가로 전가됩니다. 한마디로 모든 것이 고급인, 고급의, 고급을 위한 상권이라고 보시면 되겠습니다.

상권은 수명도 있고 이동한다고는 하지만 '강남 고급상권'이라는 지리적·지역적인 특성이 사라지려면 아마도 우리 세대까지는 걱정하지 않아도 되지 않을까 생각해 봅니다. 즉 강남, 신사동, 청담동 상권은 대한민국을 대표하는 부촌이라는 상징성과 함께 단단한 수요층을 바탕으로 쉽게 무너지지는 않을 것이라고 말씀드립니다.

현금 3억으로
시작하기

빌딩매매를 하면서 매번 느끼지만 빌딩은 '돈이 있는 사람들만의 시장'이라는 생각을 지울 수 없습니다. 최소한 10억은 있어야 시장 진입이 가능하지요. 그럼 현금 10억이 없는 사람들은 어떻게 해야 할까요? 시드머니인 10억을 먼저 모아야 합니다. 여담이지만 유명 모 카페의 모토처럼, '10년 안에 10억 모으기'라는 말이 왜 생겼는지 새삼 다시 생각하게 됩니다.

10억을 모으려면 과연 어떠한 방법으로 어떻게 모아야 할까요? 직장생활을 하면서 10억을 모은다는 건 정말로 어려운 일입니다. 투자를 통해서 돈을 벌어야 합니다. 투자의 대표 주자는 주식과 부동산입니다. '하이리스크 하이리턴'이라는 말은 한 번쯤 들어 보셨을 겁니다. 높은 리스크는 높은 수익률을 가져다준다는 말입니다. 하지만 커다란 손실이 발생할 수도 있습니다. 이러한 성향은 부동산보다 주식이 더 심합니다. 부동산은 실물자산이고 하방 경직성이 있어서 주식처럼 휴짓조각이 되는 일은 없습니다. 하지만 단기간에 수익성을 생각한다면 주식이 우선순위가 될 수도 있습니다.

그럼 만약 내가 현금 3억을 가지고 있다면, 돈을 어떻게 굴려야 할까요? 부동산을 이용해서 현금 10억 만들기를 목표로 한다면 어디에 어떤 것을 투자해야 할까요?

1. 투자하는 사람들의 종류

(1) 거주와 투자를 동시에 해야 하는 그룹

(2) 여유자금 3억을 가지고 있는 그룹(투자만 하는 경우)

2. 투자하는 사람들의 성향 구분

(1) 시세차익이 우선순위

(2) 월 소득이 우선순위

(3) 두 개의 비중이 비슷함

3. 3억으로 투자할 수 있는 부동산의 종류(서울 수도권 기준)

(1) 거주와 함께 투자해야 할 그룹

- 다가구, 원룸, 상가주택(주인 세대가 있고 직접 거주)
- 구분상가
- 고시원 운영
- 자영업(독서실, 스터디카페) 운영

(2) 여유자금 3억을 가지고 있는 그룹(서울 수도권 기준)

- 다가구, 원룸, 상가주택(주인 세대가 없거나 있으면 임대 놓음)
- 구분상가
- 고시원 운영
- 자영업(독서실, 스터디카페) 운영

부동산 투자로 '3억으로 10억 만들기'라는 목표를 정했다면 수단이 있어야 합니다. 우선 두 개의 그룹으로 구분해 볼 수 있습니다. 거주와 함께 투자해야 하는 경우와 투자만 하는 경우입니다. 돈이 있는 사람보다 없는 사람이 월등히 더 많을 겁니다. 그리고 누구나 은행 예금 금리보다는 높은 수익률 정도는 기대할 겁니다.

3억으로 투자할 수 있는 부동산의 종류는 위에서 언급한 것들이지만, 모두 보증금과 대출을 끼고 사는 형태가 될 것입니다. 왜냐하면 서울 수도권은 이미 많이 올랐기에 최소 매매금액이 6억 이상은 되기 때문입니다. 대지 면적으로 본다면 30~40평대가 될 것이고, 평당 2,000~4,500 정도의 시장입니다. 원룸에 준 신축이라면 10년 이내 건축 수익률은 상승하게 됩니다. 만약 1990년대 지어졌다면 주차는 아마도 거의 안 될 확률이 높습니다. 된다고 하더라도 최대 2대 이하입니다. 지역으로 따진다면 서울권에서는 강남 3구, 마용성, 동작, 광진, 강동구 정도를 제외한 곳에서 찾아볼 수 있습니다.

수익률은 2~3% 정도입니다. 공시지가는 계속 올라가고 주변의 아파트 가격 상승으로 다가구 원룸의 가격도 같이 올라가게 됩니다. 하지만 구축이기에 임대료는 상한선이 있습니다. 왜냐하면 거주하는 사람들의 소득 수준이 정해져 있기 때문입니다.

🏛 구분상가

구분상가는 신축과 구축으로 그리고 층으로 구분해볼 수 있습니다. 신축은 건축업자의 마진이 들어가 있으므로 구매할 때 신중해야 합니다. 상권과 입지에 따라 특히 입지 흥망성쇠가 정해지기 때문입니다. 그리고 1층과 2층 이상은 천지 차이입니다. 또한 대지지분은 작고 건축물은 매년 감가상각이 이루어지니 논리적으로 따진다면 월 수익은 가능하지만, 미래의 시세차익은 거의 없습니다. 하지만 상권 입지가 좋아서 그동안 공실이 거의 없고, 월세도 계속 상승했다면 구매해도 괜찮습니다.

🏛 자영업(독서실, 스터디카페) 운영

고시원이나 자영업은 임대를 얻어서 점포를 운영하는 형태입니다. 하지만 이것을 부동산 투자에 넣은 이유는 권리금의 존재 때문입니다. 소자본으로 시작해서 관리만으로도 월 수익이 발생한다면, 초기 투자금보다 높은 권리금을 받고 되팔 수 있습니다. 개인 브랜드보다는 프랜차이즈가 유리하지만, 초기자본은 개인 브랜드가 더 적게 들어갑니다. 고시원은 임대업과 유사한 공간 임차업종입니다. 따라서 소자본으로 시작할 수 있다는 장점이 있지만, 그만큼 경쟁이 치열하다는 단점이 있습니다. 경쟁자 없는 곳에 창업해서 1년 차에 나 홀로 독식으로 높은 매출이 나왔다면 2년, 3년 차에는 반드시 경쟁자가 들어옵니다. 주변 자영업에 도전했던 분 중에서 3년 이상 살아남은 사람들은 10명 중 2~3명이라는 점을 기억하셔야 합니다.

결국 종잣돈을 마련해야 꼬마빌딩도 살 수 있습니다. 최소한 현금 3억 정도는 있어야 하며 상권과 입지가 좋은 곳을 시세보다 저렴한 가격으로 구매해야 합니다 이것은 발품을 팔면 가능합니다. 건물을 조금이라도 수리해서 임차인들이 좋아하게끔 만들어야 수익률을 높일 수 있습니다.

현금 10억으로
건물주 되기

건물주 하면 흔히 수십억은 있어야 한다고 생각합니다. 특히 요즘처럼 아파트 가격이 많이 올라서 서울에서 괜찮은 아파트 하나 사려면 10억은 있어야 하죠? 10억이 옆집 강아지 이름처럼 익숙한 단어가 돼버린 현재에는 더욱 그렇습니다. 하지만 실제로 10억이라는 돈은 매우 많은 돈입니다. 실제로 현금 10억을 가진 사람보다는 없는 사람들이 월등히 많습니다. 그래도 실망하기엔 아직 이릅니다. 현금 1억이 있으면 그것대로 돈을 벌 수 있는 방법도 있으니까요. 역시 부동산을 이용한 방법입니다. 이 부분은 나중에 따로 소개하겠습니다. 따라서 이 글은 1가구 2주택을 피하고자 아파트를 매매하신 분들 또는 사업해서 돈을 가지고 계신 분들 아니면 증여를 받거나 토지 보상을 받아서 목돈이 생긴 분들에게 적합합니다.

보통 빌딩매매 시장에서 대출을 끼지 않고 현금만으로 부동산 거래를 하는 사람들은 눈을 씻고 봐도 찾기 어렵습니다. 특히 비교적 젊은 나이인 50살 이하인 분들은 대출을 최대한 많이 이용해서 구매하곤 합니다. 대출이 많아지면 대출이자에 대한 부담이 커지므로 감당할 만큼만 받는 것이 맞습니다. 하지만 현금흐름이 좋아서 감당할 수 있다면, 대출을 최대한 이용하는 것도 현명한 방법입니다.

그럼 현금 10억으로 구매 가능한 빌딩은 어느 정도나 될까요?

빌딩 시장에서 대출을 많이 받으면 80%까지 받는 경우입니다.법인으로 90%까지 받는 경우도 있습니다. 이런 경우는 은행에서 대출의 판단 근거인 감정가격을 산출하고, 감정의 80%까지 대출해주는 경우입니다. 요즘은 금리가 많이 낮아져서 2% 초중반 정도에서 이용할 수 있습니다.2021년 7월 시점 상업용 부동산 LTV가 70%로 조정되었습니다.

그럼 40억짜리 건물을 대출 80%를 받고 구매한다고 가정해 보겠습니다. 그럼 32억이 대출이고 현금 8억에 2억제 세금 이것저것 해서 5% 정도을 더해 합 10억이 있으면 구매가 가능합니다. 서울이라면 4% 정도 수익이 난다면 연 1.6억 월 1,330만 원 정도가 됩니다. 수도권인 경우 6%를 본다면 연 2.4억 월 2,000만 원입니다. 여기서 대출 32억 연 2.5% 연 8,000만 원 월 666만 원을 제하면 다음과 같은 수익이 나오게 됩니다.

서울: 1,330 - 666 = 순수익 664만 원

수도권: 2,000 - 666 = 순수익 1,334만 원

그럼 여기서 두 가지를 꼭 체크해야 합니다.

> 1. 수익성은 수도권이 좋지만 과연 10년 후 재매각을 할 때 시세차익은 어느 쪽이 우세할 것인가?
> 2. 임대관리 리스크는 어디가 더 큰 편인가?

시세차익을 예상하는 척도는 과거의 공시지가 상승률을 근거로 예상해볼 수 있습니다. 임대관리 리스크는 공실 문제입니다. 내부적으로는 빌딩 건물의 컨디션과 외부적으로는 주변 환경과 교통 편의성 정도가 있습니다. 이것을 상권과 입지의 활성화 정도라고 표현할 수도 있습니다. 대출을 80%나 끼고 사는 것이 두렵지 않다면 거짓말입니다. 혹시라도 임대가 되지 않으면 어떻게 대응해야 할지 막막할 따름입니다. 하지만 계약 만기 전 6개월 전부터 관리한다면 보증금 내줄 돈이 없어서 경매까지 가는 상황은 막을 수 있습니다. 물론 수요가 어느 정도 뒷받침되는 곳을 매입해야 합니다.

대출 80%를 받는 것은 최대로 많이 받는 것을 말하며, 개인적으로는 50~60%가 적당하다고 생각합니다 25억 이내 건물 정도면 현금 10억으로 구매가 가능합니다. 하지만 25억 이내라면 서울에서는 좋은 물건 찾기가 어렵고 수도권으로 눈을 돌려야 합니다. 그럼 수도권으로 눈을 돌리면 시세차익보다는 수익성을 선택했다는 뜻이 되겠지요. 다음에는 재매각까지 계산한다면 어느 쪽이 총 수익률이 높을지 한번 따져보겠습니다.

현금 10억으로
구매 가능한 빌딩 실거래 소개

1. 논현동 ***-**

이번 시간은 현금 30억 이하로 구매 가능했던 빌딩 건물을 소개하겠습니다. 두 가지 실거래 사례를 말씀드릴 텐데, 사례를 소개하면서 물건 분

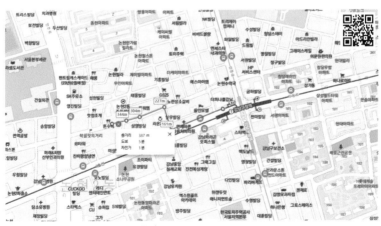

출처: 카카오맵(https://map.kakao.com)
(정확한 물건지가 아닌 근접지역으로 대체합니다)

석을 같이해보겠습니다. 물건을 판단할 때 우선 상권과 입지를 먼저 봐야 합니다. 가장 먼저 지도를 보면 강남구청역 3번 출구에서 도보 6분 거리에 있습니다. 강남구청역에서 서울 세관 사거리까지는 앞부분만 조금 상업지역이고, 나머지는 2종·3종 일반주거지역입니다. 아래 지도에서 음영처리된 부분은 로드뷰를 통해 직접 확인하시기 바랍니다.

출처: 카카오맵(https://map.kakao.com)

작은 원으로 음영처리된 부분 중간은 50%만 상업지역 50%는 2종 일반주거지역입니다. 가장 왼쪽은 2종 일반주거지역입니다. 이것을 말씀드리는 이유는 대로변이지만 전부 다 상업지역은 아니며, 낮은 빌딩들도 있다는 것을 알려드리기 위함입니다.

그럼 테헤란로처럼 이면 지역까지 상업지역인 곳과 비교해볼 때, 상업지역이 매우 좁으니 평일에 상주하는 오피스 인구가 엄청 많다고 말하기는 어렵습니다. 단순하게 따지자면 상주하는 오피스 인구수는 테헤란로의 3분의 1 수준이 안 될 수도 있습니다. 그럼 평당 임대료는 어떨까요? 테헤란로 이면에 위치한 지역과 비교해볼 때 물건지의 가격은 무척 저렴할까요?

주변 임차인들 입장에서 본다면 점포를 고를 때 같은 금액_{보증금, 월세, 권리금}이면 오피스 인구가 많은 곳을 원할 겁니다. 강남구청역 이면은 근생업종들로 이루어져 있습니다. 강남역과 강남구청역 첫 번째 이면도로를 로드뷰로 보시면 차이점을 분명히 느낄 수 있을 겁니다.

🏛 상황

매매 30억, 평당 1.1억

대지 27평, 연 74평

계약일 2020년 11월

🏛 분석

1. 역세권이다.

2. 평지이지만 북쪽으로는 지대가 낮아진다. 용도지역은 2종 일반, 3종 일반주거지역으로써, 배후세대는 낡고 노후한 주택들이 많다.

3. 상권은 오피스 상권, 점심 상권 저녁 상권, 주 5일 상권이다. 오피스 인구와 배후세대가 있지만 배후세대는 적으니 오피스 인구로 먹고사는 상권이다.

4. 신축 리모델링 비용은?

5. 4번 이후 임차구성 시 수익률은?

6. 매매차익은?

분석을 정리해보면 강남구에 속해 있으며 큰 특성이 없는 입지입니다. 굳이 따지자면 강남구청역 역세권에 위치한 소형토지입니다. 평당 가격은 1.1억으로 거래되었으며, 시세대로 거래된 듯합니다. 본인이었다면 과연 거래했을까요? 사실 이러한 작은 토지는 신축으로써 큰 메리트가 없습니다. 더군다나 토지 모양이 정사각형이 아니라서 거래가 쉽지 않습니다. 다만, 강남구청역에 인접한 학동로 첫 번째 이면에 있고 코너 자리에 전면이 10m라서 리모델링을 하면 임대료를 신축급에 준해서 받을 수 있을 것 같습니다. 임대료는 최근 1년 이내 주변 신축 건물 3개 임대료를 참고하면 됩니다.

리모델링 비용은 평당 150만 원 이하

신축은 평당 600만 원

🏛 신축을 한다면?

토지면적이 작아서 신축을 할 때 16.2평을 건축면적으로 해서 연면적 54평을 지을 수 있습니다. 북쪽으로 지대가 낮아지나, 땅의 모양을 보면 뒷집과 붙어 있어서 지하를 파서 사용하는 것이 어려울 듯합니다. 1층을 지하로 인정받는 곳이 있는데, 이곳은 해당 사항이 없습니다.

1층 16.2평

2층 16.2평

3층 16.2평

4층 5.4평

건폐율 용적률대로라면 이렇게 건축이 가능하나, 땅의 모양이 정사각형이 아니라서 건축에 어려움이 있을 듯합니다. 자세한 내용은 구청에 문의해서 진행 여부를 확인해 봐야 합니다. 신축이 어렵다면 이것은 돈을 최대한 적게 들여서 리모델링하고 현 상태로 임대를 맞춰서 시세차익용으로 가져가야 합니다. 그리고 땅 면적이 작으니 뒷집이나 옆집과 함께 매매하는 것이 좋습니다. 내가 돈이 있으면 뒷집을 구매하는 것도 하나의 방법입니다. 뒷집은 지대가 낮고 노출이 안 되어 있어서 시세보다 저렴하게 구매할 수 있습니다. 상황을 보니 뒷집은 2020년 8월에 평당 6,000만 원에 거래가 되었습니다. 아마도 뒷집을 구매한 사람이 앞집까지 순차적으로 같이 거래를 하지 않았나 판단됩니다.

2021년 5월 위아래 토지 두 개가 동시에 매매가 됐습니다. 역시 아랫집은 윗집과 함께 짓지 않으면 효용이 없으니 사람 보는 눈은 똑같은 것 같습니다.

2. 논현동 ***-**

출처: 카카오맵(https://map.kakao.com)
(정확한 물건지가 아닌 근접지역으로 대체합니다)

이번 물건은 선정릉역 1번 출구에서 도보 4분 거리에 있는 단독주택입니다. 선정릉역은 지하철 9호선과 신분당선이 있습니다. 9호선은 사람들이 가장 많이 타는 지하철로 유명합니다. 출퇴근 시간에는 콩나물시루가되는 걸로 유명하지요. 강남 송파를 관통하는 만큼 엄청난 오피스 인구들이 이용하니 2호선 다음으로 이용객이 많다고 볼 수 있습니다.

신분당선도 엄청난 탑승객을 자랑합니다. 서울 경기 각지에서 왕십리역으로 와서 선릉역까지 강남권 출퇴근하는 사람들이 있고 성남, 분당, 용인에서 강남권으로 출퇴근하는 사람들이 있습니다. 그럼 선정릉역만 보면 어떨까요?

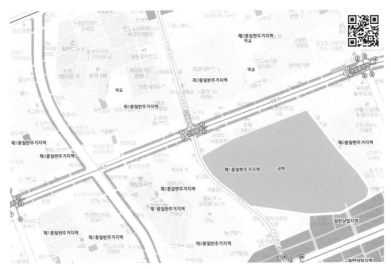

출처: 카카오맵(https://map.kakao.com)

출처: 카카오맵(https://map.kakao.com)

선정릉역이 있는 9호선 라인은 예전에 노선상업지역으로 종 상향이 되었습니다. 그래서 구축이 사라지고 현재는 높은 빌딩들이 많이 올라왔습니다. 위 로드뷰 이미지는 선정릉역 1~4번 출구를 뒤로 하고 전면을 보여주고 있습니다. 보시다시피 신축에 높은 빌딩들이 많이 올라와 있습니다. 그만큼 오피스 인구가 많다는 뜻입니다.

🏛 상황

매매 28.3억, 평당 5,828만

대지 49평, 연 44평

계약일 2020년 9월

🏛 분석

1. 선정릉역 1번 출구에서 도보 4분 거리에 있는 역세권이다.

2. 선정릉역은 대로변은 오피스 빌딩이 즐비하고, 이면까지는 오피스 및 엔터테인먼트 사무실로 많이 사용되고 있다. 즉 오피스 인구가 있는 지역이다.

3. 상권은 오피스 상권, 점심 위주의 상권, 주 5일 상권이다.

4. 입지로 볼 때 현재는 단독주택으로써 리모델링하면 통 임대로 수요가 있다. 사무용도 외에는 어렵다. 주차는 2대 가능하다.

5. 평당 1,000만 원 기준으로 시세가 형성되어 있다.

6. 환산보증금 4.4억으로 보증금 5,000만 원, 월 390만 원 정도는 받을 수 있다. 매가로 환산하면 연수익률 1.65%로 현재 상태로는 큰 의미가 없다.

7. 신축으로 올리면 보증금 1억, 월 880만 원까지(관리비 별도) 가능하다. 연 수익률 3% 매입비용 및 신축비용 합은 35.8억(매입비용 28.3억+신축비용 6억+세금 1.5억)이다. 평당 신축비 600만 원으로 계산한다.

8. 강남구 선정릉역 역세권이라는 이유만으로도 충분히 가치가 있다. 이곳은 신축으로 올릴 때 입지의 가치를 최대한 활용할 수 있다고 생각한다.

결국 이곳은 신축용으로 판단할 수 있습니다. 거래 가격이 평당 5,800만 원이니, 상당히 저렴하게 구매했다고 볼 수 있습니다. 물론 이 지역은 역세권이긴 해도 9호선이 들어오기 전까지는 이도 저도 아닌 보통 강남구의 주택가였습니다. 하지만 지하철이 들어온 이후 오피스 상권이 되었습니다. 딱딱한 빌딩 건물 대신 엔틱한 느낌의 오래된 단독주택을 개조해서 사무용으로 사용하니, 고유의 가치가 있는 오피스 지역으로 변모해가고 있습니다. 선정릉역 도보 3분이라는 점만으로도 오피스 입지로써 충분히 가치가 있습니다.

아파트 vs 꼬마빌딩, 무엇을 살까?

　이번 시간에는 아파트와 빌딩 투자 중 어떤 것을 선택할지에 대한 분석을 해볼까 합니다. 요즘 아파트 가격이 굉장히 많이 올랐습니다. 최근 3년을 기준으로 한다면, 거의 2배 가까이 상승한 지역이 많습니다. 저는 송파에서 1층 부동산을 잠시 운영한 경험이 있어서 아파트 가격을 잘 알고 있는데, 송파구에 있는 아파트들은 3년 전보다 확실히 2배 정도 올랐습니다. 강남 서초는 말할 것도 없습니다. 서울 다른 지역들도 마찬가지입니다.

　현 정부에 들어서 부동산 가격이 엄청나게 올랐는데, 비정상적으로 오른 아파트 가격을 낮추기 위해서 정부에서는 많은 정책을 발표했습니다. 세율을 높이고 대출은 어렵게 특히 다주택자들이 어떻게든 팔게끔 유도 그리고 공급 위주의 정책이 나왔지요. 개인적인 생각으로는 아파트 가격 상승으로 재미를 본 다주택자들이 꼬마빌딩 쪽으로 유입될 것 같습니다. 특히 다주택자들은 사전증여를 선택지로 삼았으나, 이것도 세율을 올리니 실익이 없습니다.

그럼 서울권 아파트 한 채와 비슷한 금액으로 구매가 가능한 꼬마빌딩
이 있다면 어떤 것을 선택해야 할까요? 먼저 아파트와 빌딩의 장단점을
알아봅시다.

| 아파트 | | 꼬마빌딩 |

장점	
■ 환금성이 좋다. ■ 수요자가 많다. ■ 실거주가 가능하다. ■ 사면 무조건 오른다 　(최근 5년 기준 결과치에 대한 기대감). ■ 하방경직성 　(주식처럼 한 번에 많이 떨어지진 않는다.)		■ 현금흐름이 생긴다(월세). ■ 토짓값은 계속 올라간다. ■ 상권과 입지가 좋으면 현금흐름이 　반영구적이다. ■ 하방경직성 ■ 다주택자에 포함되지 않는다.

단점	
■ 현금흐름이 약하다(월세). ■ 실거주 시 층간소음 문제가 발생한다. ■ 주거용이기 때문에 다주택자에 포함된다.		■ 환금성이 떨어진다. ■ 유지관리비가 들어간다. ■ 공실문제가 생긴다.

실거주를 첫 번째 목적으로 한다면 당연히 아파트를 선택해야 합니다.
하지만 그게 아니라면 돈을 은행에 두기에는 저금리로 실익이 없고 주식
은 원금손실에 대한 리스크가 있어서 하기 싫다면 빌딩을 추천합니다. 빌

딩 투자는 원금을 보장해 주지는 않지만 _{원금을 보장해주는 쪽에 가깝습니다}, 부동산 실물자산으로써 토짓값은 계속 올라가고 건물은 오래돼도 임차인 구성이 좋고 월세가 잘 나온다면 건물값을 매길 수 있습니다.

현재 정부는 다주택자를 투기 세력으로 보고 징벌적 과세라고 할 만큼의 높은 세율을 적용했습니다. 그럼 주택을 팔거나 증여를 할 텐데요. 빌딩을 구매할 정도의 높은 금액이면 보유세도 만만치 않습니다. 증여세도 올렸으니 결국은 팔도록 유도를 하는 것이지요. 이러한 흐름 속에 비 주거 부동산 중 꾸준한 현금흐름이 발생하고 땅값도 계속 올라가는 꼬마빌딩에 대한 수요는 지속적으로 증가할 것으로 예상해 봅니다.

건물 가치를 결정짓는 구조

빌딩매매 시장에서는 10~12월에 거래가 많이 이루어집니다. 한 해가 지나기 전에 그동안 구매를 미뤄온 분들이 계약하는 시점이기도 합니다. 왜냐하면 구매를 결정짓지 못했던 물건들이 계속 팔리는 것과 팔리지 않더라도 매매 가격은 계속 올라가는 것을 경험했기 때문이지요.

이번 시간은 건물 가치를 결정짓는 구조에 관해 이야기하고자 합니다. 매수자 시점에서 빌딩 건물을 매입하려고 할 때 가장 먼저 보는 것은 가격입니다. 이후 건물을 보게 됩니다. 건물을 볼 때는 가격이 비싼지 시세인지 급매인지를 판단하면서 토지와 건물을 따로 판단하게 됩니다. 토지는 건물이 올라갈 수 있는 모양이 나오는 것으로, 건물을 짓기 위한 밑바탕이라고 할 수 있습니다. 토지가 크고 용도지역도 주거지가 아닌 상업지라면 더욱 높이 올릴 수 있습니다. 따라서 토지는 용도지역, 크기, 입지에 따라 가격 차이가 발생하게 됩니다.

여기서 말하는 입지란 '접근성'을 말합니다. 도로를 접하고 있는지 지하철과의 거리, 버스정류장과의 거리, 집객시설과의 거리 등 눈에 잘 띄는지 가시성, 사람들이 많이 지나고 있는지 유동인구, 실제로 주변에서 소비가 이루어지고 있는지 소비의 패턴은 건수 위주인지, 금액 위주인지 정도가 빌딩 건물 입지를 판단하는 중요한 근거가 되겠습니다. 오래된 빌딩 건물은 건물값은 빼고 토짓값만으로도 거래가 이루어지고 있습니다. 하지만 월세가 많이 나오고 건물 관리도 잘되고 있다면 오래되었어도 건물로의 순기능을 잘하고 있으니, 토지가격을 비싸게 책정해서 건물가치 포함 거래가 이루어지고 있습니다.

건물을 볼 때는 첫째 수익성의 지속 여부, 둘째 유지관리비, 셋째 건물가치를 향상시키는 요인 이 세 가지를 보셔야 합니다. 그럼 각 요인에 관해 구체적으로 살펴봅시다.

🏛 수익성의 지속 여부

빌딩 건물이 있으면 층마다 임대를 해서 월세가 들어오게 됩니다. 현재 월 500만 원의 임대료가 발생하고 10년 후 매각을 계획한다고 할 때 물가 상승률만큼 월세를 인상해도 괜찮을까? 이 부분은 빌딩 매입을 위한 필수 체크리스트가 됩니다. 그럼 어떻게 판단할까요?

두 가지를 보셔야 합니다.

1. 상권이 형성되어 소비가 이루어지는 곳인지?

2. 꾸준하게 장사가 되는 곳인지?(임차인이 롱런할 수 있는 곳인지?)

매입을 검토하는 빌딩 건물의 1층에 입점한 점포가 몇 년간 영업했는지를 체크해야 합니다. 3년 이상 장사를 하는 중이거나 아니면 1~3년에 한 번씩 바뀌거나 둘 중 하나일 텐데요. 한 자리에서 오래 장사하는 곳은 장사가 어느 정도는 되니 계속 간다고 판단하시면 됩니다_{월세 인상을 용인할 수 있음}. 반대로 자주 바뀌는 곳은 사람들이 혹할 만한 유동인구가 많거나 아니면 점포의 면이 좋거나_{보기 좋은 떡} 그것도 아니면 기존 시설이 잘되어 있는데 권리금이 거의 없거나 등의 이런저런 이유가 있겠습니다. 하지만 장사가 잘 안 되니 그만큼 실수요자들이 많지 않음을 뜻합니다. 이런 곳들은 나중에 사무실로 바뀌게 되는 경우도 많이 있는데요. 결국 월세는 하락하게 됩니다.

빌딩 건물 주변의 점포들도 특히 유명 프랜차이즈가 있다면 프랜차이즈 위주로 보시면 됩니다. 여기서 좀 더 구체화해보면 매출까지 알 수 있다면 더욱 좋겠지요? 지층~2층까지는 근생으로 총 월세의 60% 이상을 차지합니다. 그만큼 근생 업종이 들어가는 곳이 중요하다고 다시 한번 말씀드립니다.

간단하게 말씀드리면 매입을 고려 중인 빌딩 1층에 스타벅스가 들어와 있다면 어떤 반응이 오시나요?

1. 안정적인 우량임차인이 맞춰져 있다.

2. 월세 걱정이 없다.

3. 외부에서 보는 빌딩 이미지가 좋아진다.

4. 수요자가 많아지니, 가격을 올려도 되겠다. 즉, 내 건물의 가치가 올라간다.

건물이 모두 오피스로 구성되어 있다면 지하철역까지의 거리와 주차 여부, 기계식인지 자주식인지까지도 보셔야 합니다. 그리고 건물 외부·내부 컨디션이 상당히 중요합니다. 사무용으로 사용하는 것이니 직원들의 출퇴근이 편해야 고용도 쉽고 업무 만족도도 높아지기 때문입니다. 외부에서 바이어나 고객이 오는 경우도 있으니 역시 내외부 컨디션도 상당히 중요합니다. 그리고 오너 급들은 모두 자차로 출퇴근을 하기에 입주업체마다 1대씩은 주차가 되어야 합니다. 이런 식으로 매입 시점부터 미래까지 건물의 특징 및 내구성과 상권의 변화를 예측해서 수익성의 흐름을 판단해볼 수 있습니다.

🏛 유지관리비

빌딩 건물은 시간이 지남에 따라 낡고 노후화됩니다. 처음 빌딩 건물을 구매했을 때 10년을 기준으로 10년이 안 됐다면 건물 유지관리로 큰돈이 들어가지 않습니다. 하지만 10년 이상이 되면 방수 문제와 배수관 문제가 발생할 수 있습니다.

건물값을 받지 않고 땅값만 계산해서 거래되는 빌딩들은 보통 20년 이상 된 건물들인데요. 이런 건물들은 관리도 잘 되어있지 않고, 방수가 안 돼서 빗물이 내부 계단실을 통해서 지층까지 샌다거나 하는 문제가 발생할 수 있습니다. 관리가 잘 되어 있고 공실도 없다면 거기에 임차구성까지 좋다면 당연히 토짓값을 비싸게 받았을 겁니다_{급매물은 제외합니다}. 그럼 이렇게 건물값이 없거나, 20년 이상 된 건물 매입을 고려 중이라면 사전에 꼼꼼하게 체크해서 매입 이후 관리를 잘해야 합니다.

먼저 매입 전 매도인에게 옥상부터 지층까지 하자 문제를 정확하게 물어본 다음, 하자가 있다면 수리를 요청합니다. 입지가 좋고 어느 정도 월세가 나오는 데도 토짓값만 저렴하게 받는 경우라면, 수리를 하지 않았으니 그것을 감안해서 가격을 책정했을 겁니다. 입지가 그렇게 좋지 않고, 수익률도 어중간하며 매도가 급한 경우라면, 매도인은 매수자가 요구하는 사항에 대하여 긍정적인 반응을 보일 것입니다.

이는 가격을 낮추기 위한 협상의 방법으로도 사용할 수 있습니다. 부동산 중개인 역할이 되겠네요. 하지만 여기서 말하는 것은 유지관리에 대한 부분이므로 매도인에게 건물 하자를 정확히 물어봐야 매입 이후 유지관리를 수월하게 할 수 있습니다. 건물 매입 이후에는 돈을 들여서 이곳저곳_{옥상 방수 처리, 페인트칠, 복도, 화장실, 배수관 교체, 1~2층 통유리 교체 등} 손을 봐야 합니다. 관리비로 받는 비용은 관리소장 월급, 공용전기세, 정화조 비용, 엘리베이터 비용 등으로 사용하면 됩니다. 한 가지 팁이라면, 따로 통장을 만들어서 계속 모아두는 형태로 건물 유지관리 비용을 사용하면 좋습니다.

🏛 건물 가치를 향상시키는 요인

빌딩 건물의 입지는 정해져 있습니다. 정해진 입지에서 최유효의 이용을 생각해보고 그것에 맞게 빌딩 건물을 꾸미는 것이 가치 향상의 방법입니다. 그럼 입지 위에 빌딩 건물이 있고, 그리고 주변 상권이 있습니다. 또한 배후에 주거인구가 많은지 사무용 오피스 인구가 많은지 그리고 지하철역과의 거리는 얼마나 떨어져 있는지에 따라 최적의 이용을 판단할 수 있습니다.

최적의 이용을 판단했다면, 용도에 맞는 임차인을 구성해야 합니다. '올근생 상권, 근생 사무복합, 사무용, 상가주택, 주택 정도'로 구분해 볼 수 있습니다. 그럼 각각의 용도에 맞게 리모델링 또는 증축해서 건물 가치를 최고로 올릴 수 있습니다. 즉, 상권에 맞는 임차인을 구성해야 하고, 장사가 잘돼야 합니다. 그래야 물가 상승률만큼 법적 한도 내에서 임대료를 올릴 수 있습니다. 또한 건물관리를 잘해야 합니다. 개발 이슈나 지가 상승에 대한 긍정적인 요인이 있다면 금상첨화입니다.

빌딩 매입 필수 사전지식

빌딩과 관련된
세금 완벽 정리

이번에는 빌딩 건물 매입 시 부담해야 하는 세금에 대해서 알아보겠습니다. 빌딩 건물에 대한 세금은 세 가지입니다.

1. 취득: 취득세 및 부가세(건물)

2. 보유: 재산세, 종합부동산세, 종합소득세

3. 매도: 양도소득세

세금 개념을 충분히 이해하고 빌딩 구매 시 매년 내야 하는 재산세를 스스로 계산하는 방법과 나중에 매각 이후 양도소득세를 얼마나 내는지 알 수 있는 방법을 알려드리겠습니다.

🏛 취득세

빌딩 건물을 매입하면 가장 먼저 접하게 되는 것이 취득세입니다. 취득세율은 4.6%로 취득세 4%, 농어촌특별세 0.2%, 지방교육세 0.4% 이루어집니다. 신축 또는 상속을 받는다면 취득세율은 3.16%입니다. 여기서 말하는 빌딩 건물은 주택이 없는 것을 말하며, 주택이 있는 상가주택의 경우 주택 부분은 주택으로 과세하게 됩니다.빌딩 건물에 대한 내용을 다루므로 주택에 대한 부분은 이 정도로 넘어갑니다. 논외지만 상가주택의 경우 주택 부분이 50%를 넘어가면 대출은 불가능합니다.2021년 시점 1금융권 기준.

그럼 법인은 어떨까요? 법인은 기존법인과 신규법인이 있는데요. 신규법인은 부동산 구매 시 대출을 유리하게 받기 위해서 설립하는 경우가 대부분입니다. 기존 업을 유지하고 있으며, 부동산 임대업이 추가된 법인도 많이 있습니다. 법인의 경우는 취득세 중과 대상이 될 수 있는데요. 이것은 본점의 소재지가 수도권 과밀억제권역이고, 설립한 지 5년 이하라면 과밀억제권역 내에 있는 빌딩 건물을 매입할 경우 취득세가 두 배 이상으로 중과됩니다. 대출을 많이 받기 위해서 또는 개인과 분리해서 매입을 고려한다면 법인 소재지를 지방으로 하셔야 합니다. 다만 서울에서도 제한적으로 허용하는 경우가 있는데요. 구로구 구로동과 금천구 가산동입니다.산업단지 지정에 대한 혜택.

건물분 부가세는 꼭 납부해야 하는 건 아닙니다. 보통은 포괄양도양수를 해서 거래하는데, 이 경우 건물분 부가세를 내지 않게 됩니다. 하지만 매도인이나 매수인이 포괄양도양수를 원하지 않는다면, 건물분 부가세를 별도로 납부해야 합니다. 납부하더라도 부가세 환급을 통해서 돌려받게 됩니다.

🏛 보유세

보유세는 재산세와 종합소득세가 있습니다. 재산세는 매년 6월 1일을 기점으로 실제 소유자에게 부과됩니다. 5월 중으로 계약했고 6월에 잔금이라면 6월 1일은 기존 매도인이 실제 소유자이니, 기존 매도인이 부담하는 것이 맞습니다. 재산세의 경우 매입을 고려하는 부동산에 대해서는 스스로 계산할 수 있도록 간략한 방법을 알려드리겠습니다. 먼저 재산세 구조를 함께 살펴볼까요?

재산세

개요
- 납세자가 소유한 재산의 경제적 교환가치에 담세력을 두어 과세하는 조세

과세대상
- 토지, 건축물, 주택, 선박, 항공기

납세자
- 과세기준일(6월 1일) 현재 사실상 재산을 소유하고 있는 자

과세표준
- 토지 · 건축물 · 주택: 시가표준액×공정시장가액비율
- ※ 토지: 공시지가×면적×70%
- 건축물: 시가표준액×70%
- 주택(부속토지 포함): 주택공시가격×60%
- 선박, 항공기: 시가표준액

세율
- 토지: 0.2~0.5%(종합합산 · 별도합산 · 분리과세대상에 따른 3단계 누진세율)
- 건축물: 0.25% ※ 골프장 · 고급오락장용: 4%, 주거지역 등 공장: 0.5%
- 주택: 0.1~4%(4단계 누진세율) ※ 별장: 4%
- 선박: 0.3% ※ 고급선박: 5%
- 항공기: 0.3%

세부담상한제

당해연도 재산세액이 전년도 재산세액 대비 일정비율을 초과하여 증가하지 않도록 한도를 설정
- 토지 · 건축물: 150%
- 주택: 공시가격 3억 이하 105%, 3~6억 110%, 6억 초과 130%

세액산출 방식

출처: 위택스(www.wetax.go.kr)

재산세는 건물분과 토지분으로 나누어집니다.

(1) 토지의 경우

· 개별공시지가를 확인: 네이버에서 '일사편리'_{https://kras.go.kr:444/} 검색
→ '종합증명서 열람 발급' 클릭

· 공정시장가액비율 70%를 적용

· 세율 적용 과세표준 금액이 2억 이하 0.2%, 2억 초과 10억 이하 0.3%, 10억 초과 0.4%

· 납부기한

과세대상	납부기한	납부방법	소관기관
건물분 재산세	7월 16일~7월 31일	고지납부	시청, 군청, 구청
주택분 재산세 1/2	7월 16일~7월 31일	고지납부	시청, 군청, 구청
토지분 재산세	9월 16일~9월 30일	고지납부	시청, 군청, 구청
주택분 재산세 1/2	9월 16일~9월 30일	고지납부	시청, 군청, 구청

· 과세표준

구분	과세대상	시가표준액 재산세과표	재산세과표
주택분	주택과부속토지	주택공시가격	시가표준액 * 공정시장가액비율
건물분	일반건물	지방자치단체장이 결정한 가액	시가표준액 * 공정시장가액비율
토지분	종합합산토지 별도합산토지	개별공시지가	시가표준액 * 공정시장가액비율

(2) 건물의 경우

· 시가표준액을 확인: 네이버에서 '위택스'https://www.wetax.go.kr/ 검색 →
최상단 우측 지방세 정보 → 시가표준액 조회 → 주소 입력 후 확인

· 서울인 경우 네이버에서 '서울시 이텍스'https://etax.seoul.go.kr/ 검색 →
ETAX 이용안내 → '조회/발급' → 최상단 '주택외건물시가 표준액
조회' 클릭

· 공정시장가액비율 70%를 적용

· 세율 적용·일반 건축물의 경우 0.25% 일괄 적용

(3) 사례를 통한 계산

서울 강남구 논현동 ***-**

〈토지〉

· 대지면적 확인: 165m^2

· 물건지 공시지가: 6,019,000원×165m² = 993,135,000원

· 과세표준: 993,135,000원×70%공정시장가율 = 695,194,500원

· 과표세율: 0.3%10억 이하

· 누진공제: 20만 원

· 계산

695,194,500원과세표준×0.3%과표세율 = 2,085,583원

2,085,583원-200,000원누진공제 = 1,885,583원

· 토지분 재산세: 1,885,583원

〈건물〉

· 시가표준액 확인: 16,795,101원

· 과세표준: 16,795,101원×70%(공정시장가율) = 11,756,570원

· 과표세율: 11,756,570원×0.25% = 29,391원

· 건물분 재산세: 29,391원

· 합 1,885,583+29,391원 = 1,914,974원

· 납부할 재산세: 1,914,974원

종합부동산세는 빌딩 건물의 토지공시지가 합계액이 80억 원을 초과할 때 부담하게 됩니다. 공시지가가 80억이니, 대부분의 빌딩 건물주들은 종부세는 내지 않고 있다고 봐도 무방합니다.매매가격 50억 이하인 꼬마빌딩은 더욱 그렇습니다. 종합소득세는 매년 5월 주소지 관할 세무서에 신고 및 납부해야 합니다. 이때 전년도의 모든 소득을 합산해서 신고하게 되는데, 건물을 가진

사람은 임대소득이 합산되고 건물을 매매한 사람은 양도소득을 내게 됩니다. 양도소득세는 종합소득세 합산이 아닌 '분류과세'입니다.

🐚 양도소득세

양도소득세는 복잡하게 생각할 것 없이 국세청 홈페이지에 들어가서 모의계산을 해보시면 됩니다. 이것이 가장 간단하게 계산할 수 있는 방법이니, 이대로만 따라 하시면 문제없을 겁니다.

(1) 홈텍스 홈페이지로 들어갑니다 네이버에서 '홈텍스' 검색 후 클릭

(2) 홈텍스 홈페이지로 들어왔습니다. 여기서 오른쪽 하단에 보이는 [모의계산] 글씨를 클릭합니다.

(3) 그다음 왼쪽 상단에 보이는 [양도소득세 자동계산]을 클릭합니다.

(4) 로그인이 가능하다면 [로그인 계산하기]를 클릭하고, 그렇지 않으면 [비로그인 계산하기]를 클릭합니다.

(5) 화면이 바뀌었습니다. 기본사항부터 차례대로 입력합니다. 기본사항을 입력한 뒤 '취득가액'을 입력할 때는 조회 클릭 시 화면이 바뀌게 됩니다. 오래전이라 비용 처리되는 항목의 금액이 구체적이지 않을 경우, 그냥 공란으로 넘어가면 됩니다. 아마 건물을 구매할 당시에 냈던 법무사 비용, 중개보수 영수증, 취득세납부 영수증_{비용처리 항목}은 가지고 계실 테니, 모의계산된 금액보다 실제 내는 세금이 더 적을 겁니다.

≡ 세금모의계산 ▼

양도소득세 간편계산 입력 부동산 양도분에 한함

● 기본사항

* 양도일자   2021 ∨ 년 2 ∨ 월 3 ∨ 일   양도일자를 입력하여 주십시오
* 취득일자   2021 ∨ 년 2 ∨ 월 3 ∨ 일   부동산을 산날로 잔금을 지급한 날입니다.
* 양도물건종류   ○ 토지 ○ 주택 ○ 고가주택(1세대1주택) ○ 기타   토지, 주택(일반주택, 다세대, 아파트 등), 기타(일반건물 등)로 구분합니다.

● 거래금액   ※ 고가주택을 공동소유한 경우 본인 지분에 해당하는 금액을 입력합니다.

* 양도가액		원	부동산을 팔면서 실제로 받은 금액입니다.
* 취득가액		원	조회	취득가액계산 상세 명세서 입력금액에 합계됩니다. 조회 버튼을 클릭하시면 상세내역을 입력할 수 있습니다.
기타필요경비		원	조회	기타필요경비 상세 명세서 입력금액에 합계됩니다. 조회 버튼을 클릭하시면 상세내역을 입력할 수 있습니다.
양도소득기본공제	2,500,000	원	해당 과세기간의 양도소득금액에서 연별로 연간 250만원 공제됩니다.
	※ 1년당 연간 250만원 한도임		

● 기타사항 닫기   1세대 1주택 미과세, 비사업용토지 여부 해당여부는 경우 계산 때 수시기 바랍니다.

미등기양도입니까?   ○ 예 ● 아니오
상속받은 자산입니까?   ○ 예 ● 아니오   피상속인 취득일   [   ] ▦

비사업용토지(2016.1.1 양도분부터 추가과세 적용)에 해당 합니까?   ○ 예 ● 아니오

양도소득세 과세특례 신설에 따른 장기일반민간임대주택(조특법 제97의3)이나 장기임대주택(조특법 제97의4)입니까?   ○ 장기일반민간임대주택
도움말   ○ 장기임대주택
                                                                                        ● 해당없음

1세대 1주택으로서 2년이상 보유를 했습니까?   ○ 예 ● 아니오
(1세대 1주택으로서 취득당시 조정대상지역에 있는 주택은 2년이상 보유, 2년이상 거주 하였습니까?)

일부 양도시 지분을 입력하세요.   [일부(지분)양도시 계산기]

양도주택에 거주한 기간을 입력하세요.   [장기보유특별공제 계산기]
(보유기간 2년 이상에 한정)

바로가기
자주찾는
메뉴 ☆
세금종류별
서비스 ☑
My홈택스 ⚥
홈택스안내 ⌂
걸기 ∧

현재가치, 내재가치, 미래가치 분석

매수자 입장에서 빌딩을 구매하고자 할 때는 1. 현재가치, 2. 내재가치, 3. 미래가치 이 세 가지를 판단하고 분석할 줄 알아야 합니다. 그럼 하나씩 살펴볼까요?

🏛 현재가치

현재가치는 현재 주어진 조건을 매매가격으로 환산한 것입니다. 상권과 입지, 건물 컨디션, 사용 용도 구분, 수익률이라고 말할 수 있습니다. 물건을 사고팔 때 주어진 가격을 현재가치라고 말할 수 있지만, 이것이 적정한지는 알 수 없습니다. 다만 주변 거래 사례가 존재할 테고, 그 거래 사례와 대상 물건의 상권과 입지 그리고 수익률을 비교하여 잘 샀는지, 아니면 비싸게 샀는지 정도를 판단할 뿐입니다.

> ① 잘 샀다. → 현재가치 대비해서 가격을 저렴하게 주고 샀다.
>
> ② 적당하게 샀다. → 현재가치 대비해서 적정한 가격을 주고 샀다.

③ 비싸게 주고 샀다. → 현재가치 대비해서 비싸게 주고 샀다.

그럼 ①은 좋은 가격에 샀으니 나중에 되팔 때 가격을 더 올려서 팔 수 있으므로, 금전적인 이득을 본 것이고, ②는 숨겨진 가치를 찾아서 구현해야 그 가치만큼 가격을 올려서 팔 수 있습니다. ③은 말 그대로 비싸게 주고 산 만큼, 향후 매매할 때 시장가격 이하로 팔아야 손님 문의가 올 겁니다.

그렇다면, 현재가치를 판단하는 방법은 무엇일까요?
① 상권과 입지
② 건물 컨디션
③ 관리상태 체크
④ 사용 용도 구분
⑤ 수익률

위 ①~④ 총 4개 항목에 1~10점을 주어서 수치화해볼 수 있습니다. 점수별로 등급을 매겨서 주변 거래 사례와 함께 비교해보세요.

S급	A급	B급	C급	D급
36~40점	31~35점	26~30점	21~25점	20점 이하

그럼 현재가치를 잘 판단해야 하는데요. PC에서 보는 것과 실제로 가서 보는 것은 천지 차이라서 관심 있는 물건은 꼭 답사해보길 추천합니다.

① 상권과 입지

- 유동인구가 있는 곳인지 2거리 < 3거리 < 4거리 < 5거리

- 도로를 접하고 있으며, 도로가 편도 3차선 이상인지

- 횡단보도 앞에 있는지

- 유명 프랜차이즈와 같은 라인에 있는지

- 주변에 상권이 형성돼 있어서 집객력과 소비력이 있는지

② 건물 컨디션

건물은 연식이 존재하고 개별디자인이 모두 다르며 관리 상태에 따라 내구성도 달라집니다. 현재 시점에서 빌딩 건물은 평당 건축비를 600만 원으로 잡고, 내구연수를 20년으로 잡습니다. 그래서 잔존가치를 계산할 때는 연면적으로 하되, 지하층이 있다면 이를 합해줍니다. 그럼 잔존가치가 있거나 없거나 둘 중 하나일 텐데요. 잔존가치가 없으면 매매가격은 토지평당가격일 겁니다. 그럼 건물은 덤으로 생각해도 됩니다. 20년이 넘었는데, 월세가 밀리지 않고 관리가 잘되어 있다면 A급을 줄 수도 있을 겁니다. 관리 상태를 세부적으로 따져보고 점수를 매겨 보세요.

③ 관리상태 체크

눈에 보이는 컨디션	· 화장실 복도 전체(시설 상태 및 악취 여부) · 누수문제(옥상 바닥 우레탄 상태 확인 및 현재 누수 여부 및 수리 시기) · 외벽(리모델링 여부 및 외벽현재 상태) · 건물 청소(얼마 주기로 청소를 하고 있는지) · 불법 건축물로 인한 이행강제금이 있는지

눈에 보이지 않는 컨디션	·임대료 미납 여부 ·임차인들이 자주 바뀌는 곳인지(1~2년 주기) ·공실문제(상권이 죽어가는 곳인지) ·매도인에 대한 임차인의 불만사항

④ 사용 용도 구분

빌딩 건물의 사용 용도는 근생 용도, 사무 용도, 근생사무혼합, 근생주거혼합, 사무주거혼합, 주거용 이렇게 총 6개로 구분할 수 있습니다. 각각의 용도마다 방문 시간 및 체크사항은 달라집니다.

사용 용도	체크사항
근생 용도	·상권에 따라 방문시간이 달라야 한다. ·오피스 상권: 아침, 점심, 저녁시간을 체크하되, 점심 위주(점심식사 및 커피 구매가 이루어지는 곳은 어디인지?)로 체크할 것 ·먹자상권: 요일별 저녁시간, 주말은 오전 오후로 나누어서 유동인구, 주차 ·동네상권: 점심 저녁시간, 유동인구, 주차
사무 용도	·출퇴근 시간 지하철역에서 물건지까지 동선 ·주차
근생사무혼합	·상권에 따라 방문시간, 요일이 달라야 한다. ·출퇴근시간 지하철역에서 물건지까지 동선 ·주차
근생주거혼합	·상권에 따라 방문시간, 요일이 달라야 한다. ·출퇴근시간 지하철역에서 물건지까지 동선 ·저녁시간 소음 ·대형마트 거리 ·초중고 위치 ·주차

사무주거혼합	· 출퇴근시간 지하철역에서 물건지까지 동선 체크 · 저녁시간 소음 · 대형마트 거리 · 초중고 위치 · 주차
주거용	· 출퇴근시간 지하철역에서 물건지까지 동선 체크 · 저녁시간 소음 · 대형마트 거리 · 초중고 위치 · 주차

⑤ 수익률

S급 10점	A급 9점	B급 8점	C급 7점	D급 6점	E급 5점
4% 이상	3.5% 이상	3% 이상	2.5% 이상	2% 이상	2% 이하

그럼 이렇게 꼼꼼히 체크해서 각 항목별로 10점 만점에 몇 점을 줄 것인지 수치화하시면 됩니다.

🏛 내재가치

내재가치는 숨겨진 가치를 뜻합니다. 즉, 현재 입지에서 리모델링 또는 신축 시 최대한 받을 수 있는 최적의 수익률을 말합니다. 그럼 내재가치를 판단할 줄 알아야 하는데요. 이것은 현재 상태에서 신축 또는 리모델링 증축, 대수선할 때 들어가는 비용과 향후 임차 구성이 완성됐을 때 받을 수 있는 수익률을 예상해보는 것을 말합니다.

현재 해당 물건에서 최근 3년 이내 대지면적과 연면적이 가장 비슷하고 유사한 형태의 입지와 상권인 신축 물건 3개 정도를 살펴보고 해당 물건의 수익성을 체크해서 우리 물건의 수익성을 예상해 보는 것이 가장 합리적인 방법입니다. 이런 부분은 건물주가 직접 하기에는 무리가 있을 수 있습니다.

🏛 미래가치

미래가치는 현재 구매한 금액과 여기에 리모델링 대수선을 통해서 가치를 올렸다면 '나중에 과연 얼마에 매각이 가능한가?'를 예상해 보는 것을 말합니다. 누구나 나중에 매각할 때는 비싼 가격을 원할 겁니다. 하지만 그게 가능할까요? 우리는 최대한 현실적인 방법으로 보수적인 시각으로 예상해봐야 합니다. 그럼 어떻게 해야 할까요?

1. 물건지 평당 공시지가를 체크한다.
2. 평당매매가격과의 차액 비율을 계산한다.
3. 최근 5년간, 10년간 공시지가 상승률을 계산한다.
4. 최근 5년간, 10년간 연평균 공시지가 상승률을 적용해서 차후 10년 후에 공시지가가 얼마나 올라갈지 체크한다.
5. 2번에서 계산한 차액비율을 4번에 적용시킨다.
6. 미래의 매매가격을 확인한다.

그럼 과연 이것이 정답일까요?

공시지가는 나라에서 세금을 부과하기 위해 만든 제도입니다. 상승률은 감정평가사가 매년 공시지가를 평가하면서 인플레이션 상권과 입지 공실 문제 등등 이것저것을 따지되물론 최근 거래 사례가 가장 중요합니다, 그래도 어느 정도 현실성 있게 적용한다고 볼 수 있습니다. 그럼 앞으로 공시지가가 계속 올라갈까요? 1991년부터 2021년 현재까지 30여 년간 IMF, 리먼 사태를 제외하고는 모두 인플레이션만큼은 올랐습니다. 그렇다고 과거만큼 계속 많이 올라간다고 낙관하기도 어렵습니다. 최근 10년간 서울 전 지역특히 강남 3구이 너무나도 많이 올랐기 때문입니다. 결론은 미래는 알 수 없지만, 확률적으로 본다면 내려가는 경우는 국가적인 위기 상황이었고 그 외의 경우는 모두 올랐으니 올라갈 확률은 높다고 봅니다.

리모델링 비용
산정하기

　빌딩매매 시장에서 50억 이하 꼬마빌딩 시장은 거래가 매우 많은 편입니다. 수요자는 많은데 공급은 한정되어 있어서 인기 지역인 강남 3구의 경우는 금액이 조금 비싸더라도 입지만 좋다면 우리가 생각하는 것 이상으로 빠른 거래가 이루어집니다. 강남구는 수익률이 2%만 되도 입지가 좋거나, 우량임차인이 입점 되어 있다면 거래가 됩니다. 신축과 구축 중, 신축은 총매매 사례에서 10% 이하, 리모델링은 20% 정도입니다. 나머지는 기존 빌딩을 그대로 매매해서 가져가는 경우입니다. 그럼 리모델링의 목적은 무엇이고, 왜 신축을 하지 않고 리모델링을 하는 걸까요?

🏛 리모델링의 목적

　　1. 수익성 향상

　　2. 건물 내구성 향상

　　3. 건물 가치 상승

리모델링을 하는 이유는 신축보다 비용이 적게 들면서 신축 효과를 그대로 누릴 수 있기 때문입니다. 신축의 장점은 건물 컨디션이 매우 좋다는 겁니다. 그럼 컨디션이 좋기 때문에 주변 시세보다 임대료를 비싸게 받을 수 있게 되며 결국 건물 가치 상승으로 연결됩니다. 건물가치 상승은 나중에 매매를 할 때 내가 받고 싶은 가격이 올라가게 됨을 뜻하겠죠? 리모델링을 하는 이유는 결국 건물 가치 상승입니다. 건물 가치 상승은 결국 더 많은 월세를 받을 수 있게 됨을 뜻합니다. 기존 조건보다 더 많은 월세를 받으려면 건물이 신축까지는 아니더라도 신축에 준할 만큼 바뀌어야 합니다. 그래야 임차인들도 월세 올리는 것을 받아들이게 됩니다.

그럼 리모델링을 통해 수익률이 올라가고 건물의 컨디션이 좋아지는 것이 리모델링의 목적이라 한다면, 목적을 최대한 효율적으로 달성하기 위해서는 투입되는 비용을 최소화해야 합니다. 하지만 너무 적은 돈으로 리모델링을 하려 한다면 상품의 질이 떨어지게 되니, 어느 정도 선에서 적당히 타협을 봐야 합니다. 이것을 정하는 근거는 주변 상권과 건물들의 컨디션을 보고 임차인들의 이동이 가능할 만큼 최소화하면 됩니다. 예를 들어 노후하고 낙후된 지역이라 신축이 거의 없고 그에 따라 엘레베이터가 있는 건물이 별로 없다면 반드시 엘리베이터를 설치해야 합니다. 투입되는 비용대비 효과가 엄청나기 때문입니다. 지역 내에서 가장 좋은 입지라면 무조건 설치합니다.

🏛 리모델링해야 하는 부분

1. 외벽 페인트칠

2. 노후관 교체

3. 복도 화장실 개보수

4. 도로 접하는 전면 부분 통유리로 교체 또는 폴딩도어로 교체(코너라면 노출되는 면 전부 교체하는 것을 추천)

5. 껍데기 씌우기

6. 엘리베이터 설치(상황에 따라)

7. 옥상 우레탄 방수 처리

8. 그 외 눈에 보이는 부분 교체

부동산은 입지가 가장 중요하다는 말을 자주 합니다. 이것은 리모델링 하더라도 결국은 "투입되는 비용대비 효과가 얼마나 나올 것인가?"라는 질문에서 입지에 따라 비용대비 효과가 작을 수도 엄청날 수도 있기 때문입니다. 즉 무조건 리모델링해야 하는 것이 아니라, 이것저것 전부 따져보고 효과가 있을 때 해야 합니다. 낡고 노후한 건물이 있고 그 옆쪽으로 아파트가 들어온다거나 하는 이슈가 있다면 이것은 반드시 리모델링해야겠죠? 아파트 세대 수 만큼 새로운 인구가 유입되고, 아파트단지 주 출입구 앞으로 상권이 형성되므로, 임대료가 기존 임대료보다 크게 올라갈 수 있습니다.

그럼 비용은 어떻게 해야 할까요? 리모델링 비용은 통상 전체 매입가의

15% 이내에서, 신축 비용의 30% 이내에서 끝내라는 말이 있습니다. 실제 신축에 준할 만큼 리모델링을 할 때 _{대수선 수준} 보통 매입가의 20% 이하에서 가장 많이 하는 듯합니다.

신축 비용
산정하기

　빌딩매매 시장에는 두 가지 유형이 있습니다. 바로 '구축매입'과 '신축매입'입니다. 매매에서 70~80%는 구축을 매입합니다. 토지 위에 건물 빌딩이 있으며, 거기에 임차까지 맞춰 있으니 완성품을 구매하는 형태이기 때문입니다. 완성품 구매를 선호하는 이유는 여러 가지가 있겠지만, 가장 큰 이유는 신경 쓰지 않아도 되기 때문입니다. 빌딩을 구매하는 사람들 대부분은 돈이 있는 사람들인데요. 돈을 써서 빌딩을 사는 상황에서 스트레스를 받으면서까지 구매하고 싶지는 않게 됩니다. 즉, 직접 건축을 하면서 얻을 수 있는 금전적인 이득보다는 '스트레스를 받지 않고 합리적인 구매를 하자'라는 주의가 강하게 나타납니다. 업자가 아닌 이상 신축을 한 번이라도 했던 분들 그리고 연세가 있는 분들은 더욱 그렇습니다.

　사실 신축시장은 빌딩 구매의 본래 목적_{고정소득과 시세차익}보다는 조금 더 영리적인 목적을 달성하기 위한 분들이 시도하는 편입니다. 고객 10명 중에 2~3명 정도입니다. 그럼 신축시장에 대해 알아볼까요?

🏛 부동산 구매

부동산은 보통 신축부지용으로 구매하게 됩니다. 여기에는 올근생 건물과 주택으로 나눌 수 있으며, 중간 형태인 상가주택도 존재합니다. 자신이 처한 환경에서 어떤 것을 선택할지 먼저 결정해야 합니다. '처한 환경'이란 자신의 명의로 주택이 있어서 _{세금 문제로} 주택 건축이 어렵다면 올근생 건물을 선택하게 됩니다. 반대로 무주택자라면 주택을 선택할 수도 있지만_{유주택자가 되면 청약의 기회를 버리는 양면성이 있습니다}, 요즘은 보유세와 종부세 이슈로 인해 웬만하면 1가구 1주택을 선호하며 대부분은 올근생을 선택합니다. 빌라 건축업자들은 대지 100평 이상의 토지 위에 빌라를 짓고 개별분양을 통해 수익을 창출합니다. 가장 선호하는 물건은 북쪽 도로를 끼고 있는 북향에, 도로를 접하는 면이 넓은 반듯한 직사각형 또는 정사각형을 선호합니다. 빌라 한 호당 3,000~4,000만 원 정도의 이윤이 발생한다고 합니다 _{과거에는 호당 5,000만 원 정도}.

🏛 신축 비용 산정하기

신축 비용은 평당 600만 정도입니다. 건축에 대해 문외한이 처음 건축할 경우 세금까지 포함해서 평당 800~900만까지 올라가는 경우도 있습니다. 건축업은 매출이_{우리로서는 건축비용이 되겠죠?} 고무줄처럼 늘어날 수 있으며 건축업자에게 휘둘릴 수밖에 없다는 점은 유념하기 바랍니다. 신축에 대한 스트레스는 '비용'입니다. 건축업자에게 적정이윤을 보장해주고 일을 맡기는 것이 현명한 판단이 되리라 생각합니다.

🏛 예상임대가 산정하기

가장 중요한 것은 예상 임대가격인데, 예상 임대가격은 현재 입지에서 최유효의 이용이 무엇인지를 판단해야 합니다. 주거용은 도로를 접하지 않은 맹지라도 훌륭하게 사용할 수 있겠지만, 근생이 목적이라면 반드시 유동인구가 어느 정도 있고 도로를 접해야 합니다. 이러한 사정을 확인하고 주변 임대시세와 상권 입지를 분석하고 판단해야겠죠?

(1) 임대 시세

임대 시세는 네이버 부동산에서 확인하면 됩니다. 내가 선택한 입지 주변에 나와 있는 물건들의 임대 시세를 확인해서 적용하면 됩니다. 보통 현재 광고하는 임대 시세에서 5~10만 원 정도 인하된 금액으로 계약되곤 합니다. 신축은 정상 금액으로 계약될 확률이 높지만, 렌트프리Rent-free를 받을 확률이 높습니다. 특히 서울이 아닌 경우는 입지가 좋지 않고 상권이 형성되지 않을수록 렌트프리를 주어야 한다고 보시면 됩니다.

상권이 활성화된 곳은 2~3층도 근생 용도로 사용 가능하니, 임대료 또한 사무실보다 비싸게 받을 수 있습니다. 하지만 B급 이하 상권인 경우유동인구가 별로 없는 곳는 2층부터 사무용으로 사용되니 원룸8~10평 이하으로 개조했을 때 받을 수 있는 월세 시세 대비 70~80% 정도 또는 주변 사무실 시세를 적용해서 판단할 수 있습니다_{수익률을 높이려면 반드시 원룸이 끼어야 합니다}. 만약 건축물이 굉장히 노후화되었고 주변 또한 그러하다면 사무실 임대 시세는 무척 저렴할 것입니다. 이런 경우는 리모델링해서 원하는 만큼 적용해서 받아야 합니다. 4층 이상이고 엘리베이터를 넣을 수 있는 공간이 있다면 무조건 엘리베이터를 설치해야 남는 장사입니다. 설치비용은 가장 작은 6인승 기준 3,500~5,000만 원 정도 형성되어 있습니다. 임대시장에서 엘리베이터의 유무는 중요 포인트가 됩니다.

(2) 상권입지분석

주변 임대 시세를 확인할 때 금액만 봐서는 안 되고, 물건지의 입지와 어떠한 업종으로 이루어져 있는지를 반드시 확인해야 합니다. 입지를 봐야 하는 이유는 나의 입지와 비교해볼 때 누구의 입지가 더 좋은지를 판단하고, 그에 따라 임차인의 입점이 늦어질지 빨라질지를 가늠해볼 수 있습니다. 물론 입지가 주변 물건들보다 좋으면서_{사거리 코너} 임대료도 저렴하면 임차인들은 빨리 맞춰질 겁니다. 하지만 바보가 아닌 이상 자신의 수익성 권리를 이렇게 낭비하지는 않을 겁니다.

상권을 봐야 하는 이유는 최적의 임차구성을 위함입니다. 건물주는 임차인이 월세를 밀리지 않고 매월 계약된 날짜에 입금하기를 원합니다. 이러한 루틴이 이루어지려면 임차인이 돈을 벌어야 합니다. 즉 매출이 잘 나와야겠지요. 그렇다면 현재 상권 내 가장 최적의 업종이 들어와야 합니다. 물론 임차인의 개별능력이 뛰어나서 사람들이 모여든다면 상권과 입지가 상관이 없겠지만, 자영업 시장에서 이러한 임차인은 극소수에 불과합니다. 즉 임차인도 업종별로 가려서 받을 필요가 있습니다. 여기에 건물가치 증진까지 생각한다면 불을 쓰지 않는 업종이면서 업종으로는 휴게음식점 그리고 프랜차이즈면 더욱 좋습니다. 업종은 상권에 따라 입점해야 할 업종도 달라집니다.

🏛 자금 조달하기

100% 자기자본으로 빌딩 건물을 구매하는 사람은 없습니다. 우리는 현재 또는 미래에 건물을 구매할 때 반드시 대출을 이용하게 됩니다. 자금 조달은 금융권 대출(유이자)과 임차인 보증금(무이자) 두 가지가 존재합니다. 예를 들어서 설명하겠습니다.

필요 용어

총매가	현재임차인 보증금	담보가능대출금액
탁상감정	RTI	실제감정
최대가능대출	필요현금	세금 4.4%(올근생 기준)

앞에서 언급한 용어는 실제 빌딩매매에서 사용하는 용어입니다. 총매가는 총매매가격을 말하며 건물주가 팔고자 하는 금액으로, 조정 가능 여부가 구매를 결정하는 핵심역할을 하게 됩니다. 현재 보증금은 임차인이 임대차 계약을 위해 지급한 보증금의 총합을 말합니다. 총매매가격에서 현재 보증금을 제외한 금액이 실제로 매매를 위해서 필요한 금액이 됩니다. 가령 10억 빌딩에서 임차인 총보증금이 1억이라면, 9억이라는 돈이 실제 구매를 위한 필요자금이 됩니다.

그럼 이제 대출을 알아보겠습니다. 대출은 금융권을 통해서 조달하게 됩니다. 금융권은 보통은행을 말하는데 은행은 1금융권, 2금융권 정도만 알고 계셔도 됩니다. 1금융권은 흔히 우리가 알고 있는 국민, 신한, 우리, 농협, SC제일, 하나은행을 말합니다. 2금융권은 신협, 수협, 임협, 새마을금고 등이 있습니다. 3금융권은 저축은행입니다. 금리는 1금융보다 2금융이 더 높고 3금융이 가장 높습니다. 예금금리가 높은 곳이 대출금리도 높다고 생각하시면 됩니다 2021년 상반기 기준 1금융은 2%대, 2금융은 3%대, 3금융은 4% 이상.

그럼 은행에서는 어떻게 금리를 결정하게 될까요? 포인트는 '감정금액'과 'RTI' 두 가지입니다. 감정금액은 감정평가사가 평가하는 금액으로 대출을 위한 척도가 됩니다. 감정방법에는 탁상감정과 실제감정이 있습니다. 탁상감정은 사무실에서 감정가를 산정하는 것을 말하고, 실제감정은 은행에서 의뢰를 받은 감정평가사무소에서 실사하고 나서 결정된 최종 금액을 말합니다.

빌딩을 구매하는 사람들은 대부분 대출을 이용해 구매합니다. 대출을 최대한 많이 받기 위해서는 감정가격이 잘 나와야 합니다. 대출을 많이 받는다는 것은 자기자본의 최소 투입이 되겠습니다.

RTI (Rent To Interest, 임대업이자상환비율)

부동산임대업 이자상환비율로서 담보가치 외에 임대수익으로 어느 정도까지 이자상환이 가능한지 산정하는 지표. 산출 방식: (상가가치 × 임대수익률) ÷ (대출금 × 이자율)

은행에서 탁상감정을 받고 RTI를 계산해서 중간값을 계산한 것이 바로 담보가능대출금액입니다. 과거에는 감정가액에서 80%까지 대출을 해줬지만, 현재는 RTI까지 적용해서 대체로 대출이 까다로워졌습니다. 담보대출가능금액에 개인신용도와 개인담보물이 추가로 존재한다면, 추가로 신용대출이 가능합니다. 구매자의 신용도는 직장, 자산, 세금체납 여부, 개인담보물은 개인 명의로 된 부동산이 있는지 있다면 담보가치가 얼마나 되는지 정도를 판단해서 신용대출의 가능 여부와 금액을 결정하게 됩니다. 참고로 법인은 RTI 적용을 받지 않기에 개인보다 대출이 더 많이 나오게 됩니다.

은행마다 다르겠지만 대체로 담보대출은 일시 상환이 가능하고(이자만 지급 후 향후 매도 시점에서 원금 일시상환) 신용대출은 원리금 분할상환으로 진행하게 됩니다. 구매자 입장에서 보면 담보대출은 최대한 활용해야 할 대출이겠지만, 신용대출은 부담이 됩니다. 이제 구매가능금액이 정해졌으면 계약을 진행합니다. 구매 이후에는 추가 비용으로 등기 비용과 중개보수 그리고 취득세를 납부하게 됩니다. 올근생 기준으로 취득세는 4.6%이며 등기 비용과 중개보수까지 합쳐서 보통 6% 정도로 계산하면 됩니다.

수익률의 함정

"꼬마빌딩, 강남빌딩 거래 시 수익률 높은 빌딩은 많이 위험한가요?"

빌딩 건물 구매를 희망하시는 분들은 모두 수익률 높은 물건을 찾고 있습니다. 즉 월세가 많이 나오는 물건을 찾는다는 말입니다. 그럼 수익률이 매우 높은 5% 이상인 물건이 있다고 한다면 무조건 좋기만 할까요? 여기에는 우리가 미처 몰랐던 '함정'이 숨어 있습니다. 수익률이 높은 물건이 나오면 매수자는 검토한 다음 특이사항이 없으면 구매합니다. 그런데 임차인들은 만기가 돌아오는 대로 하나둘씩 모두 다른 곳으로 간다고 합니다. 왜 그럴까요? 주변 시세보다 턱없이 비싸게 입점했기 때문입니다.

특히 신축빌딩들은 월세가 비싼 편입니다. 인테리어에 신경을 써야 하는 1층 근생 자영업자들은 들어간 비용 때문이라도 그냥저냥 남아서 영업을 하게 됩니다. 아니면 만기 전에 권리금을 받고 빠져나가려고 합니다. 조심해야 할 곳들은 3층 이상 사무실로 쓰고 있는 임차인들입니다. 인테리어 비용이 별로 들어가지 않았고 이전하는 게 이득이라는 판단이 서면 합리적인 경영 판단을 하게 됩니다. 기업 입장에서 임대료는 경기 영향에 민감하게 작용하는 고정비용이 되는 셈이지요. 그럼 건물주는 공실 문제에 직면할 수도 있게 됩니다.

공실 문제 해결은 당연히 주변 시세에 대비해서 저렴하게 내놓으면 빨리 계약이 될 텐데요. 무턱대고 임대료를 낮출 수도 없습니다. 임대료가 낮아지면 수익률이 떨어지고, 건물 가치 하락으로 연결되니, 소기의 건물을 매입한 목적과 달라지기 때문입니다. 그래서 약간 시세보다 높은 임대료에 어느 정도의 렌트프리를 주는 것이 현명한 방법입니다. 아무튼 임대가 맞춰진 수익용 빌딩 거래에서 매도 측은 거래와 관련해서 약점 잡힐 정보들은 절대 얘기하지 않습니다. 그래서 이 부분은 매수 쪽에서 특히 꼼꼼히 살펴 판단해야 하는 부분인데요. 사실 매도 측도 이런 부분을 잘 얘기하지 않는 것도 판매를 위한 전략이니, 이것은 본인이 직접 꼼꼼히 체크해야 합니다.

결국 매수자는 구매를 희망하는 빌딩의 '임차 구성'과 '시세'를 정확하게 체크해야 할 필요성이 있습니다. 그럼 어떻게 정확하게 판단할 수 있을까요?

주변 임대 시세를 파악해서 해당 빌딩과 현재 임대 광고를 하고 있는 임대중인 빌딩 입지를 비교해서 가중치를 부여하는 방법으로 계산하면 됩니다. 임대 시세는 네이버 부동산에 가서 확인하면 편리합니다. 상세한 내용은 다른 장에서 말씀 드리겠습니다.

주거용 부동산을
이해하자

시간이 가면 갈수록 빌딩 건물 거래가 상당히 많이 이루어지고 있습니다. 서울 수도권 전체만 봐도 매수자는 많은데 매물이 없는 상황으로 치닫고 있습니다. 금액으로 따지자면 강남에서 30억 이하는 보기 드물며, 50억대 물건도 거의 없다고 보시면 됩니다 올근생 기준. 이번 장부터는 빌딩 건물 매매 종목 분석에 대해 알아보려 합니다. 부동산은 임대와 매매로 구분됩니다. 빌딩 건물 거래는 매매이자 부동산 투자에 속합니다. 반면 임대는 렌트의 개념으로 비용을 지불하고 부동산을 이용하는 개념입니다. 즉, 월세라고 합니다.

부동산은 크게 두 개의 종목으로 구분됩니다.

1. 주거용 부동산
- **단독주택**: 다중주택, 다가구주택, 상가주택, 전원주택, 타운하우스
- **공동주택**: 아파트, 빌라, 주거용 오피스텔

단독주택과 공동주택은 문자 의미 그대로 단독으로 거주가 가능한 주택인지 아니면 공동으로 거주가 가능한 주택인지로 구분됩니다. 공동주택의 대표 격으로 아파트와 빌라다세대가 있습니다. 공동주택을 제외한 나머지는 모두 단독주택으로 볼 수 있습니다.

주택은 세 가지 측면으로 생각해 봐야 합니다.

1. 거주 목적인가?

2. 투자 목적인가?

3. 거주와 투자, 두 가지 목적인가?

주택의 본래 목적은 '거주'입니다. 하지만 부동산은 오래전부터 투자재로써 중요한 역할을 해왔습니다. 우리나라 사람들이 가장 좋아하는 투자도 다름 아닌 '부동산'입니다. 그럼 대부분의 사람들은 아마 거주와 투자, 두 가지 목적을 가지고 구매할 겁니다.

그럼 다른 측면에서 생각해 볼까요? 예를 들면 강남 개포동 33평형 아파트를 구매하려면 현금 22~23억 정도는 있어야 합니다. '내게 23억이 있으니 강남으로 이사 가서 거주와 투자를 할까?'라고 생각해볼 수 있으며, 또 한편으로는 '이 돈을 주택으로 깔고 앉아 있지 말고 주거는 전세로 살면서 월세가 나오는 꼬마빌딩을 대출받아서 살까?' 이렇게 두 가지로 생각해 볼 수 있습니다.

무엇이 정답일까요? 정답은 없습니다.

아파트를 선택한다면 강남에 거주하면서 따라오는 부가가치 직주근접, 자녀교육, 강남 거주에 대한 만족감가 있을 테고, 전세 거주 및 꼬마빌딩 구매를 선택한다면 상당한 현금흐름 월세이 발생할 겁니다. 이는 정부 정책 그리고 과거가치와 미래가치를 생각해보고 개인의 목적에 맞추어 선택하면 됩니다.

부동산 가격이 상승하는 요인은 여러 가지가 있지만, 큰 틀에서 본다면 '수요'와 '공급'입니다. 정부 정책, 금융환경, 경제환경은 수요와 공급을 움직이는 사전요인이 됩니다. 이 글을 보시는 여러분들도 자신의 입장에 맞게 선택하면 좋겠습니다.

원·투룸형 단독주택 (다가구, 다중)

원·투룸은 다가구나 다중주택, 그리고 단독주택의 범주에 들어갑니다.

- 다가구: 주택으로 쓰이는 층수 3개 층 이하, 주택사용면적이 660m² 이하
- 다중주택: 주택으로 쓰이는 층수 3개 층 이하, 주택사용면적이 330m² 이하

보통 1종 일반주거지역은 용적률 때문에 다중주택으로, 2종 일반 이상이면 다가구로 보시면 됩니다. 원·투룸 건물을 소개하는 이유는 꼬마빌딩 시장 진입 전 단계에서 해볼 수 있는 부동산 투자 중 가장 효율적인 방법이기 때문입니다. 물론 현재에는 주택담보 대출이 막혀있기도 하고, 다주택자에 대한 취득세율 강화라는 점은 주택시장 거래를 막는 부정적인 요인입니다. 하지만 꼬마빌딩 시장 진입을 원하는 사람들집 한 채를 보유하고 있거나, 현금 3억 이하 정도를 가지고 있는 사람들이 현금 10억을 목표로 하는 부동산 투자의 한 방법으로써 거주와 함께 부동산 투자를 할 수 있는 방법은 상가주택과 원·투룸형주인 세대 있는 경우 건물 투자가 유일합니다.

그럼 원·투룸 단독주택은 어떠한 이점이 있을까요?

우선 공간을 원룸 형태로 쪼개기 때문에 한 층에 많은 룸을 넣을 수 있습니다. 이 말은 세입자를 많이 들일 수 있으므로 월세를 많이 받을 수 있다는 뜻입니다. 즉, 월세를 많이 받게 되면 그만큼 수익률이 상승합니다. 1종 주거보다는 2종을 더 선호하지만, 1종은 가격이 2종보다 저렴하니 1종을 선택할 수도 있습니다. 물론 전체적인 사업성을 판단해야 하는데요. 가격과 입지가 결정 요인이 됩니다. 보통 요즘 지어지는 최신식 원룸들은 8평 이하의 규모에 세탁기, 냉장고, 에어컨, 붙박이장 정도는 기본 옵션으로 들어가 있습니다. 지하철역까지 도보 5분 이내, 대학가, 직장까지 출퇴근 30분 이내, 산업공업단지 등 수요 요인이 있는 곳으로 들어가야 공실 문제도 없고 나중에 매매할 때도 좋습니다.

원·투룸은 '기존 물건'과 '신축' 두 가지로 구분할 수 있습니다. 기존 물건을 볼 때는 가격의 적정성과 현재가치 수익성 그리고 미래가치 이 세 가지로 구분해서 생각해봐야 합니다. 가격 적정성은 토지와 건물은 서로 다른 부동산이니 개별로 판단해야 하며, 연식과 수익률을 통해서 1차 검증을 하고 주변 거래 사례와 현재 나와 있는 매물의 가격을 비교해서 2차 판단을 해야 합니다. 보증금이 많이 있는 물건과 그렇지 않은 물건으로 구분해볼 수 있는데요. 보증금이 전체 매매가의 50% 이상이라면 무이자로 자금 조달이 가능하니 내 자본이 적게 들어가니 구매에 부담이 없습니다. 구매의 목적은 매달 나오는 월세와 미래의 시세차익이지만, 두 가지 목적을 달성하려면 공실 문제가 없어야 합니다. '과연 나라면 여기에 이 돈을 주고 들어와서 살 것인가?' 실수요자 입장에서 생각해 본다면 금방 답이 나올 겁니다.

구축을 구매하는 목적은 기존에 이미 만들어진 완성품을 구매하는 것인 만큼 신축 및 공실 문제에 대한 스트레스가 없습니다. 하지만 원가 + 노력에 대한 대가를 지불해야 하니, 가격이 조금 비쌉니다. 여기서 가격이 비싼 이유는? 현재 주인이 최초의 건축주가 아니더라도 구매할 때 지불했던 가격은 기존 건축주의 품삯이 포함되어 있고, 현재 매매시점까지 그동안 시간도 흘렀고 관리하면서 들어간 비용과 노력이 있기에 그렇습니다.

신축은 땅 가격과 건축비용 그리고 주변 임대 시세와 최근 유사물건 거래 사례를 조사해서 판단해야 합니다. 즉, '얼마나 저렴한 비용을 들여서 퀄리티 좋은 상품을 만들어낼 것인가?' 그리고 '만실 시 수익률은 어떻게 될 것이고, 매각 시 얼마의 이익을 기대할 것인가?'를 잘 생각해야 합니다.

원룸형 단독주택의 대부분은 위반건축물도 상당히 많습니다. 수익률을 높이기 위한 부분이 가장 많지요. 또한 이행강제금을 내더라도 발생하는 수익이 더 크다면 꼭 나쁘다고 볼 수만도 없습니다. 예를 들면, 층고가 높은 1층 근생업종들은 생각보다 많은 점포에서 복층으로 사용하고 있습니다. 이러한 경우는 모두 위반건축물입니다. 하지만 테이블 수가 늘어난다면 발생하는 매출도 늘어나니, 복층으로 사용하지 않을 이유가 없는 겁니다.

🏛 신축 시 고려해야 할 부분

· 얼마나 저렴하게 땅을 구매할 수 있는지?

· 평당 건축비용은 얼마나 쓸 것인지?

· 수요는 있는 곳인지?(공실 걱정은 없는 곳인지)

· 주변 원룸 시세는 어떠한지?

· 개발 호재가 있는지?

· 최근 3년간 원·투룸형 건물의 매각 시세는 어떠한지?

다시 한번 말씀드리지만 현금 3~5억으로 부동산을 구매해서 자가 거주를 하면서_{못할 수도 있음}, 월세가 나오고 매각차익을 볼 수 있는 부동산 투자는 상가주택, 원·투룸형 다중주택, 다가구주택뿐입니다. 그중에서 월 수익이 가장 많이 나오는 것은 '원·투룸형 단독주택'입니다. 월 수익이 가장 높으니 저가형 수익형 부동산으로써 수요도 있고 환금성도 괜찮다고 말씀드립니다. 특히 보증금이 많을수록 구매금액은 적아지니 원·투룸형 단독주택을 간과하지 말고 적극적으로 검토하는 것을 추천합니다. 1가구 1주택에 대한 의미가 있으니 수요가 감소한 건 사실이지만, 실거주가 목적이신 분들께는 10억 시드머니를 모으는 방법을 추천합니다.

다가구주택 분석
(주인 세대 거주)

부동산 투자 측면에서 본 빌딩 시장은 최상위에 있는 투자재로써, 누구나 원하는 빌딩 건물주를 목적으로 하고 있습니다. '꼬마빌딩'이 가장 수요가 많고 핫한 시장인데요. 오죽하면 매물 품귀현상이 발생할 정도입니다. 아파트 시장에서 꼬마빌딩 시장으로 수요가 많이 넘어오고 있습니다. 다가구 주택은 단독주택에 포함됩니다. 상가주택은 다가구주택에서 1개 층이라도 점포가 있으면 상가주택이라고 합니다. 가장 대중적인 형태는 1~3종 전용, 일반주거지역으로써 3~4층 건물 중 1개 층에 주인 세대가 거주하면서 나머지는 임대를 놓은 경우입니다.

보통 빌딩 시장에서 다가구를 찾는 손님은 거의 없습니다. 왜냐하면 빌딩 건물은 기본적으로 근생과 사무용으로 이루어진 것으로 이미 알고 있는 상태에서 문의하기 때문입니다. 그럼 왜 다가구를 이야기하는가? 빌딩 건물을 매입하기 위해서는 최소한 현금 10억 정도는 있어야 대출을 받아서 작은 것이라도 구매가 가능합니다. 하지만 현금 10억을 가진 사람들보다는 없는 분들이 더 많으며, 그분들이 투자할 수 있는 것 중에는 다가구 주택이라는 훌륭한 투자처가 있기 때문입니다.

🏛 다가구를 볼 때 반드시 알아야 할 체크리스트

1. 필요한 금액은?

2. 어떠한 입지가 최선의 입지인가?

3. 아파트와는 어떠한 상관관계가 있을까?

4. 수요가 많은 다가구는 무엇일까?

5. 원거리에 있다면 관리는 어떻게 해야 할까?

🏛 필요한 금액은?

다가구는 신축과 구축으로 구분됩니다. 20년 이상 된 것들은 보통 건물 값 없이 토짓값만으로도 거래가 이루어집니다. 20년이 안 되었다면 토짓값에 건물값을 더한 금액으로 거래됩니다. 서울 강남 서초를 제외한 다가구는 아파트 가격만큼 많이 오르지 않았습니다. 그만큼 수요가 많고 대표적인 국민 투자재로 아파트가 인식된다는 뜻이기도 합니다. 다가구의 제1의 목적은 실거주와 월세이며, 제2의 목적은 시세차익입니다.

20년 이상 된 다가구는 보통 40평 이하의 대지지분이 가장 많습니다. 건축 면적으로는 계단실을 제외하고 아마 17~18평 정도가 될 겁니다. 강남 서초를 제외하고 한강 이남으로는 15억 이하로 구매 가능한 물건이 꽤 있습니다. 한강 이북으로는 10억 이하로 구매 가능한 물건이 많이 있습니다. 대출은 2021년 현재 시점에서는 막혔지만, 용도 변경을 통해서 대출이 가능할 수도 또는 기 보증금을 이용할 수 있습니다.

🏛 어떠한 입지가 최선의 입지인가?

주거용으로 좋은 입지와 뭘 해도 좋은 입지 두 개로 구분해 볼 수 있습니다. 뭘 해도 좋은 입지는 지하철과 가깝고 코너와 대로변에 가까울수록 좋은 입지입니다 _{꼭 그런 건 아닙니다. 접해있는 도로의 너비와 주변 상권도 함께 봐야 합니다.} 즉 토지로부터 부가가치를 가장 많이 뺄 수 있는 입지가 좋은 입지라는 말이 되겠습니다. 그럼 다음과 같이 입지의 사용 형태를 구분해볼 수 있습니다.

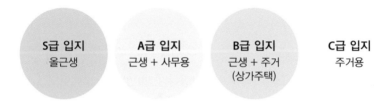

즉 좋은 입지는 최대한 비용을 뽑아내야 하기에 많은 월세가 나오도록 이용할 테고, 입지가 떨어지는 곳은 주거용으로 이용할 수 있다는 말이 되겠습니다. 그래서 빌라 업자들은 자루형 대지나 맹지를 시세보다 매우 저렴하게 매입한 다음, 빌라를 만들어 분양함으로써 최적의 토지를 이용한다고 볼 수 있습니다. 입지가 떨어져도 주거용으로는 쓰고도 남으니까요.

🏛 아파트와는 어떠한 상관관계가 있을까?

다가구와 아파트는 별개 시장입니다. 수요층이 다를뿐더러, 수요자의 양도 다릅니다. 다만 구도심에 뉴타운이 들어서면 아파트 가격은 비싸게 분양이 되고 거기에 프리미엄이 붙어서 더욱 비싸게 거래가 되는데요. 이는 결국 주변 지가에 영향을 주게 됩니다. 예를 들면, 우리 동네에 3천 세대 아파트가 준공됐는데, 내 집은 아파트 주 출입구와 마주 보고 있는 상가주택이고 1층에 미용실이 있었다면 미용실 손님은 더욱 많아질 테고, 결국 월매출 증가로 이것은 다시 수익률의 상승으로 결국은 건물 가치 상승으로 이어지게 됩니다 물론 아파트 상가가 어디에 들어오느냐에 따라 달라지지만 보편적인 시각으로 말씀드립니다. 건물주는 리모델링을 계획하거나 그렇지 않더라도 결국 월세를 인상하게 됩니다. 따라서 아파트만큼의 상승 여력은 없지만, 아파트 배후세대에 의한 상권 형성과 흡수를 얼마나 받는가에 따라 지가가 달라집니다. 하지만 같은 지역이라면 먼 거리에 있더라도 시간이 필요할 뿐, 결국 지가는 올라가게 됩니다.

🏛 수요가 많은 다가구는 무엇인가?

입지가 C급인 다가구라도 지하철역과 도보로 5분 이내면 수요가 있는 지역으로 판단합니다. 이런 지역은 과감하게 신축으로 다가구를 올려도 되는 경우입니다. 참고로 지하철은 서울에서 강남을 관통하는 노선을 가장 최고로 치는데 2호선, 3호선, 7호선, 9호선, 수인선 정도가 메인이라 할 수 있습니다.

원룸으로 이루어진 곳과 원룸과 투룸으로 이루어진 곳 두 가지가 있는데요. 아니면 투룸으로만 이루어진 곳으로 구분할 수 있습니다. 원룸으로 이루어진 곳일수록 수익률은 더 올라갑니다. 하지만 임차인이 많으면 많을수록 피곤해지며, 문제 발생이 되는 임차인이 많아지는 것도 사실입니다. 그리고 월세가 저렴하면 저렴할수록 문제 발생의 빈도는 올라가게 됩니다. 이러한 점은 다가구 주택을 운영하기 위해 받아들여야 하는 부분인데, 일 잘하는 부동산에 관리를 위임하면 됩니다. 원·투룸에는 옵션 유무에 따라 큰 차이가 나타납니다. 옵션을 넣게 되면 월세를 더 받을 수 있습니다. 하지만 옵션은 소모품으로 10년에 한 번씩은 교체를 해줘야 하는데요. 10년이라는 기간 동안 주변에는 새로운 원·투룸 다가구가 생겼을 테고 교체할 때 기대하는 수익보다 실제 수익이 떨어질 수 있으니, 사전에 주변 여건에 따라 매각 계획도 같이 검토해야 합니다.

🏛 원거리에 있다면 관리는 어떻게 할까?

직접 거주가 아닌 원거리에 있는 다가구를 구매하는 것이라면 관리에 대한 걱정이 앞섭니다. 만약 서울 어디든지 지하철로 도보 5분 거리 이내라면 공실에 대한 문제는 걱정하실 필요가 없습니다. 여기에 대학가나 오피스 밀집지역이 있다면 더욱 그렇습니다. 이렇게 좋은 입지에 있는 물건이라면 주변에는 원·투룸을 전문으로 하는 부동산이 반드시 여러 개 존재하기 마련입니다. 이들 중 물건과 가장 가까운 곳에 있는 부동산에 맡기면 편리합니다.

지역에 있는 1층 부동산은 모두 공동 중개망을 사용합니다. 원·투룸 전·월세 업무는 난이도가 있어서 임대를 맞추지 못하는 게 아니라, 주변 시세보다 월세가 너무 비싸거나 아니면 내 물건보다 더 좋은 조건의 방이 비어 있기 때문입니다. 즉 부동산의 실력보다는 임대관리를 가장 현실적으로 잘할 수 있는 가장 가까운 부동산에 맡기되, 어느 정도의 관리비용을 고정적으로 주면서 관리소장 역할을 하게끔 하는 것도 좋은 방법입니다. 가장 가까운 곳도 물론 좋지만, 만약 가까운 부동산이 일 처리를 잘하지 못한다고 판단되면 손님이 많은 곳에 의뢰해야 합니다. 손님이 많은 부동산은 그만큼 입지가 좋고, 광고를 많이 하는 부동산을 말합니다.

저는 빌딩 건물 매매를 전문으로 하는 사람으로 고객님들이 원하는 물건을 소개해 드리는 것이 제 역할입니다. 시세보다 저렴하게 나온 물건, 수익률이 높은 물건, 외관은 별로지만 입지가 좋아서 조금만 손을 보면 수익률이 높아지고 건물 가치 향상이 가능한 물건 등 고객님들이 원하는 물건을 소개해드리는 것이 제가 할 일입니다.

상가주택
집중분석

　빌딩매매를 하면서 상가주택을 찾는 수요자들을 많이 만나게 됩니다. 이번 시간은 상가주택의 정의와 장단점, 그리고 상가 입지에 관해 집중하여 분석해 봅시다.

🏛 상가주택이란 무엇인가?

　상가주택은 주택에 상가가 함께 있는 건축물을 말합니다. 우리나라 부동산 중 90%는 주택입니다. 주택은 앞서 본 대로 단독주택과 공동주택으로 구분되는데, 상가주택은 '단독주택'에 해당합니다. 보통은 3~4층^{탑층} 정도에 주인 세대가 거주하고, 나머지는 월세로 그중 1층은 상가로 이루어진 건축물을 말합니다. 상권이 활성화되어 있다면 지층과 2층까지 상가로 이루어집니다. 즉 '거주'와 '임대로 인한 월세소득' 두 가지 목적을 가진 주택이 되겠습니다.

🏛 상가주택의 장단점

보편적으로 상가주택은 일반주택보다 월세가 더 많이 나오게 됩니다. 원·투룸으로 이루어진 물건이 보편적으로 수익률이 높습니다. 하지만 1층에 상가가 있으면 수익률은 더 높아질 수도 있습니다. 왜냐하면 상가가 포함되어 있기 때문입니다. 상가는 보통 1층에서 영업을 하게 되는데, 입지가 좋다면 주변은 상권이 자연스럽게 형성됩니다. 따라서 그 좋은 입지에서 내 건물 역시 1층을 주택이나 사무실로 주기보다는 장사를 해서 매출이 많이 나오는 자영업자에게 임대를 주는 것이 월세를 더 많이 받을 수 있습니다.

상가주택의 장점은 거주와 임대소득이 함께 발생한다는 것입니다. 단순하게 거주하면서 임대소득이 나오는 거라고 생각할 수 있지만, 세부적으로 본다면 몇 가지 질문이 생깁니다.

1. 상권이 형성된 지역인지 또는 형성되어가고 있는 지역인지

2. 월세 인상이 가능한 지역인지

3. 집객시설이 있는지

4. 공시지가가 상승하고 있는지

만약 위 네 가지 질문에 모두 긍정이라면 이 물건은 미래가치도 훌륭한 물건이 되는 겁니다. 특히 아파트 투자를 통해서 돈을 불려온 예비 경제적인 은퇴자들에게 큰 메리트가 됩니다. 부동산 투자는 돈을 벌기 위한

수단이므로 아파트 투자의 메리트가 없으면 다른 대안을 찾게 됩니다. 특히 부동산 투자에서 월세는 안정적인 연금과 같은 반영구적인 소득을 뜻하므로, 투자자에게 큰 안정감을 주게 됩니다. 이런 면은 부동산 투자의 장점이자 상가주택의 장점이 되겠습니다.

상가주택의 단점은 올근생 건물보다 대출이 많이 나오지 않는다는 겁니다. 은행에서 대출을 심사할 때 주택이 속한 층은 주택으로 보기 때문입니다.^{2021년 현재 주택담보 대출 규제가 엄격해졌습니다.} 주택 비중이 50%를 넘어가게 되면 대출이 안 됩니다. 대출이 나오려면 근생 비중이 51%는 되어야 합니다.

🏛 상가주택에서 상가가 차지하는 비중은?

보통 1층은 무조건 상가로 임대를 맞추고, 상권이 좋으면 지하~2층까지 상가로 임대를 진행합니다. 보편적으로 전체 월세에서 50~70%까지 차지하는 것이 근생 용도^{지층~2층}입니다. 상가도 잘게 쪼개서 여러 개로 임대를 주는 것이 월세를 많이 받는 방법입니다. 그 대신 입지가 좋아야 합니다.

🏛 입지에 따라 들어갈 수 있는 업종은?

상가주택은 주로 주택가에서 첫 번째 도로로 나온 시점부터 시작됩니다. 여기서 말하는 도로는 자동차가 양방향에서 지나갈 수 있는 도로를 말하며, 최소 8m 정도는 되어야 합니다. 홍대 연남동이나 강남처럼 유명한 지역은 좁은 도로에도 상권이 형성되어 있습니다. 이렇게 자동차로 다닐 수 있는 곳은 특히 출퇴근 동선이라면 상권이 형성되어 있거나, 또는 상권이 없으면 상권이 형성될 수 있다고 예상해볼 수 있습니다. 여기에 대형 집객시설이 주변에 있다면 상권이 형성될 확률은 더욱 올라갑니다. 예를 들어, 지하철역으로의 출퇴근 동선상 도로이고, 대학교가 있으며, 정문이든 후문이든 주민들 출퇴근 동선과 겹친다면 이곳은 유동인구와 배후 주민들을 위한 상권이 형성됩니다.

상권을 볼 때 가장 중요한 것은 유동인구의 '양'입니다. 입지는 코너 자리가 가장 좋고 사거리 〉 삼거리 〉 이거리 순으로 좋습니다. 왜냐하면 유동인구가 많아지기 때문입니다. 유동인구가 많고 코너 자리라고 해서 건물가치가 모두 똑같이 좋은 것은 아닙니다. 지역에 따른 편차, 그에 따른 평당가격 그리고 어떠한 업종들이 입점해 있는지, 매출 단위는 어떠한지, 업종별로 순이익률은 어떠한지 정도는 빠르게 판단해서 건물의 임대료 수준을 대략적이라도 판단할 줄 알아야 합니다.

올근생 건물
집중분석

   올근생 건물은 빌딩매매 시장에서 많은 사람들이 선호하는 형태입니다. 왜냐하면 대출이 쉽고 임차인의 수가 상대적으로 적어서 관리가 수월하기 때문이지요. 극단적인 형태인 원룸형 건물이나 고시원의 경우는 수익률은 높지만, 임차인이 많아지니 관리가 어렵습니다. 관리가 어려운 이유는 사회초년생이나 경제적인 약자들이 주로 이용하는 월세나 고시원은 사람들이 자주 왔다 갔다 하고 요구하는 것은 많고 월세 입금이 잘 안 되는 경우가 있는 것을 말합니다. 즉, 건물주 입장에서는 이 부분이 스트레스가 되겠죠. 전체 소득은 조금 부족해도 스트레스 덜 받고 한 번 들어오면 장기 임차가 가능한 근생 임차인이 건물주 입장에서는 훨씬 좋은 선택이 될 겁니다. 그럼 올근생 건물에 대해서 알아보겠습니다.

🏛 올근생 건물은 무엇인가?

   올근생 건물은 모든 층이 근생근린생활시설으로 이루어진 건물 빌딩을 말합니다. 참고로 근린생활시설이란 '주택과 인접해 주민들의 생활 편의를 도울 수 있는 시설'을 말합니다. 주거를 제외한 상가, 점포, 서비스업종, 병·의원, 운동시설 중 일정 면적 이하를 근린생활시설이라고 합니다. 업종별로 정해진 면적 기준이 있으며, 이것은 부동산공법 중 건축법에 상세히 나와 있습니다. 이것을 하나하나 모두 다 알고 있을 필요는 없습니다. 신축으로 건물을 올릴 때 이를 검토하는 것은 건축설계 사무소에서 일하는 건축사의 몫입니다. 하지만 물건을 선택할 때 입지를 먼저 보고 그다음 입지에 맞는 최유효 임차 구성을 생각해야 하니, 내가 생각한 업종이 들어올 수 있는지를 따져봐야 하겠죠. 즉 신축으로 건물을 올리기 전 검토가 필요하게 됩니다.

🏦 왜 사람들은 올근생 건물을 선호할까?

매수자 입장에서 부동산 빌딩 건물을 매입하는 이유는 수익성과 시세차익, 안정성, 환금성 정도가 검토 요인이 되겠습니다. 돈이 많은 자산가들은 은행에 돈을 넣어두지 않고 부동산을 구매해서 월세를 받으려고 합니다. 사실 요즘같이 저금리 시대에는 바보가 아닌 이상 모든 사람들은 이러한 생각을 하게 됩니다. 하지만 강남처럼 수익률은 낮지만 많이 올라간 지역은 월세보다는 시세 차익을 우선순위로 생각하게 됩니다.

반면 직장생활을 하거나 경제적인 은퇴를 앞둔 분들은 '100세 시대'라는 슬로건처럼 수명이 늘어난 현시대에서는 연금과 같은 고정 소득을 가장 원하게 됩니다. 국가에서 녹을 먹는 공무원이 아닌 이상, 개인적으로 연금을 준비해야 하는데요. 이런 경우는 수익성을 1순위로 생각하게 됩니다. 부동산 자산은 유형의 상품으로 눈에 보이는 자산이 되겠지요. 그 어떤 투자재들보다 안정성이 가장 뛰어나고 할 수 있습니다안정성은 은행 예·적금이 가장 뛰어나지만 이것은 투자가 아닌 저축입니다.

환금성은 아파트가 가장 뛰어나지만 아파트도 아파트 나름입니다. 아파트는 입지와 상품성, 미래가치로 나눠볼 수 있는데요. 이것은 나중에 기회가 되면 다루도록 하겠습니다. 빌딩 건물은 30억 이하 꼬마빌딩도 아파트 못지않게 환금성이 좋은 편입니다. 특히 수도권, 역세권, 첫 번째 이면 코너 같은 건물들은 시세 이하로 나오면 빠른 거래가 가능합니다. 서울지역에서 도보 5분 이내 역세권이라면 더욱더 그렇습니다. 예비건물주 매수자 입장에서 시작은 자금에 맞춰야 하니 10억 이하로 가능한 원·투룸 주택부터 시작하지만 나중에는 모두 올근생으로 가게 됩니다.

🏛 그렇다면 올근생의 종류는?

빌딩 건물은 정해진 용도에서 법으로 허용된 건폐율과 용적률만큼만 건축물을 올릴 수 있습니다. 모든 층이 근생으로 이루어진 경우가 있고, 근생과 사무용으로 이루어진 경우와 근생과 주택으로 이루어진 총 3개가 있다고 보시면 됩니다.

① 모든 층이 근생인 경우

② 근생과 사무용으로 이루어진 경우

①의 경우는 모든 층이 근생인 경우는 상권이 형성된 지역입니다. 아니면 신도시에서 상업지역에 위치한 경우입니다. 상권이 형성되었거나 상업지역이라는 것은 유동인구가 많고 사람들이 이곳으로 와서 대부분의 소비가 가능한 입지를 말합니다.

②의 경우는 상권이 형성되었으나, ①보다는 조금 떨어지는 경우입니다. 땅값이 ①보다는 저렴하겠죠? 유동인구가 ①보다 적고 소비가 가능한 업종들이 조금은 떨어지는 형태입니다. 그럼 자연히 2~3층 이상은 사무실 용도로 채워지게 됩니다.

③의 경우는 ②보다 더 떨어지는 경우입니다. 사무실로도 사용하기에는 어려워서 주택으로 사용하게 됩니다. 즉, 상가주택이 되겠습니다.

🏦 현실은 상가주택이 왜 더 많은 걸까?

유동인구가 많고 집객이 되는 지역보다는 그렇지 않은 지역이 더욱더 많습니다. 상업지역보다는 주거지역이 월등히 많은 것만 봐도 그 이유라고 할 수 있겠지요. 그럼 부동산 입지를 최대한 활용해서 수익률의 극대화를 목표로 하게 되니 주거지역 중에서도 인구 유동량이 많고, 집객이 되는 입지가 있을 텐데요. 출퇴근 동선상이라면 자연스럽게 상권이 형성됩니다. 그리고 대부분이 주거지역으로 사무실로는 수요가 없는 입지일 테니, 수익률을 최대한 뽑기 위해서는 1층은 상가로 나머지는 주택으로 사용하는 것이 최선이기 때문입니다.

🏛 올근생이 들어갈 수 있는 입지는?

상업지역이거나, 대형병원, 대학교와 같은 인구 흡인력이 있으면서 대형집객시설이 있는 지역 또는 역세권이면서 사무실 오피스가 많은 지역이 되겠습니다. 신도시는 계획도시로써 중심지역이 상업지역으로 되겠지요. 이렇듯 수요가 있는 지역은 올근생이 들어갈 수 있는 최적의 입지입니다. 하지만 지역 동네 상권에서도 올근생 건물을 볼 수가 있는데요. 이는 건물주가 신축할 때 이렇게 만들었거나 또는 주거용을 용도 변경을 통해 근생으로 바꾼 경우가 되겠습니다. 중요한 것은 해당 물건의 입지를 직접 눈으로 보고 조사해서 이곳이 근생으로써 효용성이 있는지를 판단할 줄 아는 것입니다.

🏛 올근생은 어떠한 리스크가 있는가?

올근생 건물 빌딩을 매입했거나 매입을 고려 중이라면 다음의 사항을 꼭 판단해야 합니다.

- 임차구성과 향후 임대료가 잘 들어올 것인지?
- 임대료 인상이 가능한 곳인지?(임대료 인상이 가능하다는 것은 상권이 유지 또는 확장된다는 것을 의미합니다)

만약 올근생으로 임차가 이루어진 건물을 매입했고 임차인들이 월세 인하를 요구한다거나 만기 퇴실해서 공실이 생길 경우 정상적인 상권이 유지된다면 한 두 개의 공실은 금방 채워지지만, 상권이 하락하는 곳은 어떠한 이유가 반드시 존재합니다. 하지만, 건물 내부적인 문제가 아닌 외부요인 때문이라면 해결할 수 없는 문제가 됩니다 그리고 외부요인 때문에 상권 하락과 공실 문제가 생길 것이라 판단된다면 매입을 하면 안 됩니다. 이는 외부환경이 무엇인지 그리고 개별 입지마다 모두 다르기에 현장을 직접 가서 보고 상권이동에 대한 요인이 무엇인지 제대로 판단해야 합니다.

사무용 오피스빌딩
집중분석

모든 빌딩 건물은 상권 입지에 따라 근생업종, 사무용, 혼합으로 그렇지 않으면 주택으로 이용할 수 있습니다. 임대인 입장에서는 관리에 대한 리스크가 없으면서 월세를 많이 받는 것을 원할 텐데요. 사무용보다는 근생업종_{자영업자}에 임대로 줄 때 월세를 더 많이 받을 수 있습니다. 특히 먹는장사가 수요가 가장 많아서 자리가 그리 좋지 않아도 입지대비 괜찮은 월세를 받을 수 있습니다. 여기서 괜찮은 월세의 수준이란, '전국 단위로 일정 수준 이상 받을 수 있는 최저금액 이상은 받는다'라는 개념 정도로 생각하시면 되겠습니다. 이번 시간에는 사무용으로만 이루어진 오피스 빌딩에 대해 알아보겠습니다.

🏛 사무용 근생빌딩이란?

전체 층 또는 2층부터 사무용으로만 이용하는 오피스 빌딩을 말합니다. 건물주 입장에서는 최대한 1~2층을 근생 점포로 임대를 맞추고 싶지만 월세를 높게 받을 수 있으니, 입지가 좋지 않은 경우는 주거용 또는 사무용으로 이용할 수 있습니다. 주거용보다는 사무용을 선호하는 것이 시장 상황입니다. 근생으로 사용하기 애매한 입지는 1층을 필로티로 해서 주차장으로 사용하곤 합니다.

🏛 사무용 빌딩의 장단점

오피스 빌딩은 사무 용도로만 사용하니 근생업종만큼 사람들이 많이 드나들지 않는다는 장점이 있습니다. 물론 업종에 따라 자영업처럼 사람들이 많이 드나드는 곳도 있지만영업조직 다단계, 보통은 업무용으로 사용하니 불을 쓰거나 냄새나는 업종이 아님 건물을 깔끔하게 쓴다는 장점도 있겠지요. 경기상황이 좋고 역세권에 오피스 빌딩이 즐비한 입지라면 우량임차인을 선별해서 받게 됩니다. 10~20% 정도의 공실은 언제나 존재합니다.

단점은 임차인의 이동이 쉽기에 임대료 인상이 쉽지 않다는 것입니다. 특히 소상공인 사업자들은 더욱 민감합니다. 임차인의 이동이 쉽다? 여러 가지 이유가 있지만 가장 큰 이유는 두 가지입니다.

> 1. 초기 시설자금이 적게 들어간다.
> 2. 권리금이 없다.

자영업처럼 인테리어에 돈이 많이 들어가지 않습니다. 사무용 책상·의자, 에어컨 그리고 칸막이 정도가 초기투자 비용이 들어가며 책상·의자, 에어컨은 이전이 가능합니다. 또한 권리금이 없어서 이전에 대한 결정이 빠릅니다. 사업자는 매출이 증대되거나 감소할 때 사무실 이전을 검토하는데, 여기에 월세 인상이라는 요인이 있으면 더 빨리 결정하게 됩니다. 월세는 사업자에게 경비처리 되기 때문에, 매출이 증가세인 경우 그렇게 큰 부담이 되진 않습니다. 매출 증가세인 사업자가 중요하게 보는 것은 '직원들 출퇴근의 편리함'과 '주차' 그리고 '업무환경'입니다.

🏛 임차인들이 선호하는 사무용 건물이란?

임차인들이 선호하는 사무용 건물은 몇 가지 포인트가 있습니다.

1. 출퇴근의 용이함

2. 주차대수

3. 채광

4. 비용

5. 주변 편의시설

6. 층고

이제 막 시작하는 스타트업 기업이거나 1인 창업 사업자들은 비용을 가장 중요하게 생각합니다. 이들에게는 생존이 중요하며 매출 증대에 대한 노력만큼 비용 절감에도 관심이 많습니다. 매출이 감소세인 사업자 역시 비용에 민감하며, 매출이 증가세인 사업자는 복리후생에 관심을 가지기 시작합니다.

🏛 렌트프리의 마법

보통 신축 건축주들은 자신이 원하는 만큼 월세를 비싸게 받고 싶어 합니다. 왜냐하면 토지 또는 신축 부지를 구매해서 자신의 노력이 들어간 건물을 지었으니 합당한 결과 원하는 임대료를 받고 싶어 하기 때문입니다. 하지만 현실에서 보면 신축 월 임대료는 터무니없이 비싸 보입니다. '과연 임대가 맞춰질 것인가?'라는 의문이 생기게 되는데요. 일정 시간이 흐르면 임차인들은 어느새 들어와 있습니다.

그럼 임차인들도 바보가 아닌데, 어떻게 이런 일이 생긴 걸까요? 정답은 바로 '렌트프리'를 이용하기 때문입니다. 건물주는 번듯한 입지에 멋진 건물을 올리고 비싼 보증금과 임대료를 제안합니다. 하지만 이렇게 비싼 금액으로는 현실적으로 임대가 쉽지 않습니다. 따라서 건물주는 1~3개월 정도는 수도권 기준 렌트프리를 월세 없이 사무실 이용 주게 됩니다. 그럼 임차인들은 1년 치 월세를 내고 15개월을 이용하게 되거나 또한 월세는 경비처리가 되니 입점을 하게 됩니다. 참고로 렌트프리를 이용해도 부가세와 관리비는 임차인이 직접 납부합니다.

구분상가 VS 꼬마빌딩

이번 장은 구분상가를 소개하면서 꼬마빌딩과 비교분석을 해보겠습니다.

🏛 구분상가는 무엇인가?

네이버 지식백과에 따르면 '구분상가'란 아파트처럼 층이나 호와 같이 일정 규모별로 구분등기가 가능한 상가를 말합니다. 층별로 등기할 경우 복도를 비롯한 층별 공유면적을 포함하게 돼 전용률이 15% 정도 올라가 가용면적이 그만큼 늘어나게 됩니다. 구분상가는 잘 사면 돈이 되는 황금거위가 될 수 있지만, 잘못 사면 임대도 안 되고 팔지도 못하는 골칫덩이가 될 수 있는 양면성이 있습니다.

그럼 먼저 구분상가를 가장 많이 볼 수 있고 구매를 검토하게 되는 곳을 살펴보면, 바로 신도시인데요. 신도시를 가보면 '상가 분양'이라는 현수막을 많이 보셨을 겁니다. 상가 분양은 아파트 분양처럼 각각 층과 호별로 구분된 구분상가를 최초로 판매하는 현장을 말합니다. 신도시는 도시가 없는 원형지에 새로운 도시가 생기는 것으로 주거지역아파트, 상업지

126

역, 단독택지단독주택지역로 구분되어 있습니다. 특히 상업지역은 건물을 가장 높이 올릴 수 있는 지역인데요. 건축주 입장에서는 건물을 높이 올려서 층별·호별로 각각 쪼개서 판매하는 것이 이윤을 가장 많이 남길 수 있는 방법입니다.

그럼 신도시 상업지역 대부분은 상가를 구분해서 분양하겠지요? 아파트 지역에는 대단지 아파트가 들어오고, 단독주택지역에는 상가주택이 들어오고, 전체적으로 보면 하나의 도시가 생기게 되니까 영화관, 은행, 병원 쇼핑센터 등 우리 실생활에 필요한 모든 업종이 들어오게 될 겁니다. 그럼 가장 건물을 높이 지을 수 있는 상업지역에 근생업종들이 몰릴 수밖에 없겠지요?

🏦 돈 되는 구분상가는?

입지가 좋은 곳이 있으면 좋지 않은 곳도 존재합니다. 입지가 좋은 곳은 상업지역 사거리 코너 건물이거나 지하철역 버스정류장 앞 또는 출퇴근 동선 같은 곳이 될 겁니다. 그럼 이러한 곳을 분양받는다면 도시의 수명과 함께 구분상가도 운명을 함께 하게 될 겁니다. 도시기능과 건축물의 수명까지는 상가로서의 역할을 충실히 할 것입니다. 하지만 이런 곳들은 구매하기가 쉽지 않습니다. 아마도 좋은 자리는 건축주 본인이 가지고 있을 확률이 높습니다. 그럼 생각해보면, 신도시 상업지역 코너 자리를 분양받았고 스타벅스가 입점한다면 성공투자가 되겠지요. 분양가보다 더 높은 가격으로 되파는 것도 가능합니다. 하지만 모두가 다 그런 건 아닙니다. 입지가 좋은 곳을 분양받은 경우에 한해서 장밋빛 미래가 그려질 겁니다.

🐷 피해야 하는 구분상가는?

만약 입지가 좋지 않은 곳을 분양받았다면 임대도 매매도 되지 않는 경우가 될 수도 있습니다. 실제로 이런 현장들이 상당히 많습니다. 서울 근교에 있는 신도시만 봐도 그렇습니다. 잘 생각해 보시면 신도시급 상업지역 상가 중에서 좋은 자리는 모두 다이소나 스타벅스, 올리브영 같은 메이저급 프랜차이즈가 들어가 있습니다. 그런 반면 조금 떨어져 있는데도 임차인이 자주 바뀌거나 연중 내내 공실인 물건도 있는 것을 한 번쯤은 보셨을 겁니다. 또 다른 예를 들면 강남역 1번 출구 앞 오른쪽에 강남역 센트럴푸르지오 오피스텔이 있습니다. 주상복합 오피스텔인데, 지하부터 3층까지 구분상가로 이루어져 있고 4층부터는 오피스텔입니다. 이곳 지하 1층에는 많은 업체들이 입점해 있는데요. 강남역 1번 출구에서 나오자마자 고개를 오른쪽으로 돌리면 '스노우폭스'라는 도시락 점포가 보이고 오른쪽에는 에스컬레이터를 탈 수 있는 곳이 있습니다. 정말 많은 사람들이 이곳을 통과해서 출퇴근하고 있습니다. 그럼 정말 좋은 입지라고 할 수 있겠지요.

그렇다면 이 라인에서 아주 조금 벗어난 위치에 있는 구분상가는 어떨까요? 스노우폭스가 입점한 구분상가를 기준으로 오른쪽은 출퇴근 동선이고 왼쪽은 주차장 출입구입니다. 분양 가격은 출퇴근 동선에 위치한 곳이나 조금 벗어난 곳이나 그리 큰 차이가 없습니다. 하지만 실제 결과의 차이는 하늘과 땅 만큼 어마어마합니다. 아마도 '장기공실, 저렴한 임대료로 임대 맞춤, 수익률 하락, 매매가 하락'이라는 악순환이 되겠지요.

🏛 구분상가 구매를 생각한다면 꼭 기억해야 할 포인트

1. 대지지분이 매우 작다. 재건축을 한다고 하더라도 대지지분이 작아서 자기부담금이 크다. 따라서 재건축에 큰 메리트가 없다.

2. 소유자가 많아서 재건축이 쉽지 않다.

3. 잘못된 판단으로 분양받는다면 큰 손해를 볼 수 있다.

4. 가격이 비싸다.

5. 2층 이상은 분양받지 마라.

구분상가는 핵심입지에 들어갈 수 있는 새로운 기회가 있지만, 상권과 입지를 볼 줄 알아야 하고 그 기회가 나한테 올 확률도 매우 적습니다.

🏛 구분상가와 꼬마빌딩의 비교

구분상가	꼬마빌딩
· 대지지분이 매우 작고 지분권자가 여러 명이다.	· 대지지분이 모두 내 것 또는 소수이다.
· 평당가격이 비싸다.	· 평당가격은 구분상가에 비하면 저렴하다.
· 재건축이 어렵다.	· 재건축이 쉽다.

핵심입지를 잡을 수 있는 기회가 있다면 구분상가를 추천하지만, 그렇지 않으면 꼬마빌딩을 추천합니다. 분양대행사에서는 모든 위치가 다 좋

다고 할 테지만 절대로 그렇지 않습니다. 따라서 상권이 어떻게 형성될지 판단하는 안목을 길러야 합니다. 서울 근교 신도시에 현재까지 비어있는 장기공실 구분상가를 생각해 보시면 금방 답이 나올 겁니다.

빌딩 매입
필수
실무지식

세채

빌딩매매 투자의 종류

빌딩을 매입하는 목적을 구분해보면 이렇습니다.

1. 신축

2. 리모델링

3. 현금흐름(월세)

4. 매각차익

5. 상속세 재원(콘셉트)

빌딩 매입은 부동산 구매를 말하는데요. 부동산을 구매하는 목적은 '재테크'입니다. 돈을 벌기 위해서지요. 수많은 부동산의 종류 중에서 빌딩은 금액 측면에서 토지와 함께 가장 규모가 큰 편에 속합니다. 빌딩의 장점은 매월 현금흐름월세이 발생하면서 시세차익이 가능하다는 것입니다. 반면 토지시장은 시세차익 매각차익이 목적이고요. 현금흐름은 보편적으로 어렵다고 봅니다. 간혹 사용이 가능한 곳들은 창고나 공사 물품 대형 크

레인 적치 등으로 임대료가 발생하지만, 임대료가 빌딩만큼 높지 않으며 토지의 주된 목적은 매각차익입니다. 만약 종상향이나 개발 호재가 있다면 매각차익은 생각 이상으로 많이 올라가게 됩니다.

각각의 매수자들은 자신의 목적대로 빌딩을 구매하면 되는데, 각각의 물건마다 어떻게 리뉴얼하는 것이 최선의 선택인지는 현재의 컨디션과 입지의 모양 그리고 주변 상황에 따라 모두 제각각입니다. 예를 들어보겠습니다.

출처: 디스코(www.disco.re)

위 이미지는 혜화역 2번 출구 앞 최근 5년간 평당 실거래 가격을 보여주고 있습니다.

위 실거래가 중에서 한 곳인 물건은 현재 외관 컨디션이 괜찮아 보입니다. 아무래도 입지가 좋으니 우량임차인들로 구성이 되었을 테고, 비싼 금액으로 건물을 임대해서 이용하니 건물주 입장에서는 관리 또한 신경 써서 했을 겁니다. 여담이지만, 우량 임차인들로 구성이 되어 있으면 건물 가치는 올라갑니다. 특히 1층에 프랜차이즈 카페가 있느냐 없느냐의 차이는 생각보다 매우 큽니다. B커피 카페는 직영점만 있는 카페로 유명한데요. 몇 년 전만 하더라도 스타벅스에 버금가는 메이저 프랜차이즈였습니다 개인 자산에 대한 위치를 직접 언급하는 것보다 우회적으로 말씀드린 것이니 직접 찾아보시길 바랍니다. 위 물건은 현재 건폐율, 용적률을 모두 찾아 먹고 있는 '수익용 빌딩'이 되겠습니다. 현재 상태에서 유지 관리를 잘한다면 최소 20년 정도는 제 역할을 할 수 있을 것으로 보입니다.

혜화역 대로변에 위치한 거래 사례를 소개하겠습니다. 본 물건은 1960년대 건물로 리모델링을 한 번 한 물건입니다. 2층에 3종 일반으로 신축한다면 '건폐율 50, 용적률 250'을 적용받아서 옆 건물처럼 5층까지 올릴 수 있습니다. 이 물건은 현재 보증금 1.8억 월세 964만 원에 이용 중인데요. 신축한다면 월세 2,000~2,500구간 정도에서 맞춰질 듯합니다. 이런 물건은 신축용입니다. 하지만 대지 규모도 생각해야 합니다. 보통 신축용으로 친다면 대지 60평은 돼야 하는데, 이 물건은 50평이고 북쪽에 국가도로가 있어서 신축하는 데 애로사항이 있습니다.

리모델링 사례를 소개하겠습니다. 잠*대교를 건너면 광*중학교가 있는데요. 대로변 인근으로 리모델링을 해서 매각된 사례가 있습니다. 병원 건물을 매입해서 큰돈 들이지 않고 1층을 통유리로 교환하고 페인트칠 정도만 해서 바꾸었습니다. 하지만 놀라운 것은 월세가 신축과 비슷할 정도로 높이 올라갔다는 겁니다. 그리고 1층을 한 개의 업체에서 쓰는 것보다 2개로 쪼갤 때 임대료를 더 받을 수 있는데요. 이것을 그대로 적용해서 임대완료까지 한 경우입니다. 이것은 상권과 입지를 보고 수요를 생각해서 판단해야 합니다.

매각차익은 위 빌딩을 저렴하게 구매해서 약간의 돈을 들여 성형을 하고 자신이 원하는 매가에 매매하는 것입니다. 여기서 중요한 것은 '수익률'입니다. 그래서 시간이 걸리더라도 임대료는 비싸게 대신 렌트프리는 넉넉하게 주는 것이죠. 위 빌딩은 2년이라는 기간 동안 35억에 구매해서 약간의 돈을 들여서 41억에 재매각된 사례입니다. 세전 6억이라는 시세차익이 있었습니다. 하지만 매매 시기를 볼 필요가 있습니다. 2017년 3월에 1차 매매, 2019년 12월에 2차 매매입니다.

현재는 2021년인데요. 물건지에서 150m 떨어진 잠실대교 북단교차로에서 2020년 6월 평당 9,000만 원에 근접한 가격으로 실거래가 있었습니다. 물론 사거리 쪽이니 가격을 더 높게 받을 수 있었겠지만, 꼬마빌딩 가격이 폭등한 기간을 아쉽게 피해간 사례라고 할 수 있습니다.

납세용은 상속세 재원 마련 목적을 말합니다. 사람의 수명은 유한합니다. 모든 사람은 언젠가는 수명이 다하는 시점이 오게 되는데, 남겨진 재산은 가족에게 상속이 됩니다. 그리고 상속세를 납부하게 됩니다. 예를 들어 시세 100억인 빌딩을 부인과 자녀 2명에게 상속한다고 가정해 보겠습니다. 단순계산해도 상속세가 39억입니다. 사람 목숨은 언제 어떻게 될지 모르지요. 상속에 대한 준비 없이 사망했다면 남겨진 가족을 어떻게 될까요? 100억 빌딩을 3명이 상속을 받았을 때 39억을 내라고 고지서가 오는데 과연 현금을 이렇게 가지고 있는 사람이 얼마나 될까요?

만약 10년 전에 강남에서 20억 빌딩을 상속세 목적으로 구매했다면 2010년이 되겠지요? 그렇다면 현재 이 빌딩은 최소 40억은 되었을 겁니다. 수익률 3%를 가정한다면 월 500만 원이라는 월세소득이 생기게 됩니다. 대출 50% 받아서 구매했다 하더라도 대출이자를 빼면 250만 원 이상의 현금이 생기게 되었을 겁니다 _{대출이자 3% 가정.} 이 경우 과거에 사들인 빌딩을 현재 시세대로 물납할 수 있습니다. 아니면 이 빌딩을 팔아서 상속세 재원을 마련할 수도 있습니다. 하지만 빌딩을 급하게 팔려면 가격 인하를 많이 해야 합니다. 그래서 미리미리 준비해두는 편이 좋습니다. 또한 이렇게 상속세 재원 목적으로 꼬마빌딩을 구매했다면 메인빌딩은 손대지 않고 자녀에게 상속 증여가 가능할 것입니다.

중개업소를
선택하는 기준

매수자 입장에서 부동산을 선택할 때 중요한 포인트는 이렇습니다.

1. 많은 종류의 물건 소개가 가능한가?

2. 경험이 많은 중개인인가?

3. 계약 이후 임대관리까지 해줄 수 있는 중개인인가?

4. 서비스 마인드가 있는 중개인인가?

빌딩매매 시장은 물건 위주의 시장입니다. 좋은 물건과 그렇지 않은 물건 두 개로 구분됩니다. 좋은 물건이란 시장에 나오면 빠른 거래가 될 만한 물건이며, 그렇지 않은 물건은 거래가 쉽지 않은 물건입니다. 그럼, 여기서 의문점이 생깁니다. "거래가 될 만한 물건이 좋은 물건이라면 부동산은 중개인이 중요한 게 아니라 좋은 물건을 가지고 있는 부동산 중개인이 중요한 게 아닌가?"

부동산 시장은 물건 중심이 맞으니 물건을 가지고 있고 광고하는 부동산에 고객이 몰리게 됩니다. 특히 빌딩매매 시장은 더욱더 그렇습니다. 그럼 꼭 그럴까요? 빌딩매매를 전문으로 하는 중개인 입장에서 보면 반은 맞지만, 반은 틀리다고 말할 수 있습니다. 좋은 물건을 가지고 있는 중개인이 계약할 확률도 있지만, 지금 당장은 좋은 물건이 없지만 열심히 활동하는 중개인에게는 많은 손님이 있습니다. 많은 손님 중에는 좋은 물건이 나오면 즉시 계약할 만한 분들도 있습니다. 그리고 열심히 활동하는 사람일수록 좋은 물건을 확보할 확률도 더 높습니다.

그럼 열심히 일하는 중개인이 매수자 입장에서 꼭 좋은 중개인일까요? 이것도 생각해볼 문제입니다. 열심히 일하는 중개인은 돈을 버는 중개인이겠지만, 매수자 입장에서는 도움을 주는 사람이 좋은 중개인입니다. 앞에서 열거한 네 가지 포인트는 모두 고객 입장에서 필요한 것들입니다, 자세히 살펴볼까요?

🏛 많은 종류의 물건 소개가 가능한가?

구매자 입장에서는 여러 물건을 봐야 합니다. 그래야 물건이 똥인지 된장인지 구별할 수 있을 테니까요. 그럼 많은 물건을 소개할 수 있는 중개인은 누구일까요? 당연히 빌딩 건물을 전문으로 일을 하는 중개업소에 소속된 중개인일 겁니다. 하지만 내가 한정된 지역에서 구매를 고려한다면 지역전문가, 즉 로컬 부동산을 선택하는 게 유리할 수 있습니다. 로컬부동산을 선택할 경우 매매를 몇 건이나 했는지를 꼭 체크해야 합니다. 물건도 한두 개가 아닌 여러 개를 소개할 수 있는지도 체크해야 합니다. 로컬의 단점은 타 부동산 물건을 소개하는 경우가 많아서 빠른 진행이 어렵다는 점입니다. 어찌 됐든 매수자 입장에서는 우리의 요구를 관철해 줄 수 있는 사람이 일 잘하는 부동산입니다.

🏛 경험이 많은 중개인인가?

보통 빌딩 전문이든 지역 부동산이든 방문하면 자신의 업력이 오래됐으니 믿고 맡기라는 말들을 많이 합니다. 하지만 업력이 오래됐다고 해서 일 잘하는 사람은 아닙니다. 경험이 많은 중개인을 선택해야 하는 이유는 일 처리를 매끄럽게 하기 위해서입니다. 고객이 원하는 매끄러운 진행은 원하는 요구를 받아내는 겁니다. 고객의 요구사항이 무엇인지는 말하지 않아도 무엇인지를 잘 아실 거라 생각합니다. 하지만 개중에 무리한 요구를 하는 분들도 계십니다. 중개인은 계약을 성사시켜야 중개보수를 받는 직업입니다. 따라서 적정 이익을 보장해 주어야 하지요. 고객 입장에서 좋은 거래를 하기 위해서는 일 잘하는 중개업자를 확실한 내 편으로 만들고 일을 시작하는 것도 좋은 방법입니다. 경험이 많고 일 잘하는 중개인은 거래 실적을 구체적으로 물어보고 계약서를 확인하는 것도 하나의 방법입니다.

🏛 계약 이후 임대관리까지 해줄 수 있는 중개인인가?

보통 중개법인이나 대형 중개업소는 매매와 임대파트가 나누어져 있습니다. 소규모의 지역 부동산은 임대와 매매를 전부 다 합니다. 임대관리

측면에서는 로컬부동산이 유리할 수 있습니다. 물론 대형중개법인도 임대까지 해주는 경우도 있지만, 임대 전문 부동산처럼 적극적으로 하기 어려운 것도 사실입니다. 하지만 중개인 중에서 상가 임대를 전문으로 했던 중개인도 존재합니다. 이러한 중개인은 상가 임대에 대한 경험이 있으므로, 임대관리에 관해서 직간접적으로 코칭을 해줄 수 있습니다. 빌딩매매에서 1층 포함 지층 2층까지는 근생 용도로서 전체 임대료의 50% 이상을 차지합니다. 업종의 종류, 프랜차이즈 유무, 임대료 등 모두 빌딩 가치를 결정짓는 중요한 요인이니 최선의 선택을 해야 합니다.

🏦 서비스 마인드가 있는 중개인인가?

서비스 마인드는 사후관리입니다. 매매 이후 첫 임차인 유치부터 전체 임대관리를 하기까지 또는 사람이 급하게 필요한 경우가 생길 수도 있습니다. 지역부동산의 장점은 내가 직접 가보지 않아도 임대관리를 믿고 맡길 수 있다는 점입니다. 하지만 거래를 해준 부동산이 지역부동산이 아닐 수도 있습니다. 이 경우 거래한 부동산에 임대관리를 맡겨야 할지 아니면 지역부동산에 맡겨야 할지 고민될 겁니다.

빌딩 건물을 구매한 부동산이 지역부동산이면 당연히 임대관리도 맡겨야 하지만, 그렇지 않은 경우는 둘 다 적절하게 이용하시면 됩니다. 지역부동산은 지리적 이점이 있으니 임대를 전속으로 주는 것도 방법입니다. 하지만 전속을 줄 때는 빌딩 건물과 가장 가까우면서 자리가 좋은 부동산 두 개를 선정하여 방문해서 미팅하고, 하나를 선정하는 것이 좋은 방법입니다. 좋은 자리는 월세가 비쌀 테고, 동일인의 이름으로 오랫동안 유지됐다면 어느 정도는 영업력이 있는 부동산으로 판단하시면 됩니다. 즉, 임대 관리를 믿고 맡겨도 된다는 뜻입니다. 좋은 자리는 대로변, 도로변을 접하고 있으면서 코너 자리, 횡단보도 앞을 말합니다.

꼬마빌딩
필수 체크 사항

 빌딩을 구매할 때는 여러 가지 문제가 생길 수 있습니다. 그만큼 꼼꼼히 따져보고 계약해야 하는데요. 그중에서도 몇 개를 소개합니다.

🏛 하자 여부

 하자 중에서도 특히 누수 문제는 매도인이 얘기해주지 않으면 매매 당시에는 알 수가 없고, 비가 많이 와봐야 알 수 있는 문제입니다. 누수는 꼼꼼하게 체크해야 하는데요. 비는 보통 옥상에서 건물을 타고 지하까지 내려오게 됩니다. 옥상부터 지하까지 눈으로 살펴보면서 비가 샌 흔적이 없는지 살펴봐야 합니다. 옥상의 경우 녹색으로 된 우레탄이 칠해져 있는데, 뜯어져 있거나 올라와 있다면 누수 가능성이 있다고 판단하시면 됩니다. 바로 아래층 해당 자리 주변으로 누수 흔적을 찾아봅시다. 임차인에게 물어보는 것도 방법입니다. 물어볼 때는 "저는 예비 임차인이고 이곳저곳 임대 자리를 알아보고 있는데, 여기 누수가 있나요?" 정도를 물어보면 됩니다. 만약 상대측이 "공실이 없는데요?"라고 얘기한다면 당황하지 말고 현재는 아니지만 다른 층이 공실 예정이라고 부동산 통해서 얘기를 들었다고 말하면 됩니다.

🏦 대출 여부

빌딩 구매 시 현금으로만 구매할 수 있는 사람은 많지 않습니다. 가용자금이 많은 사람은 드물뿐더러, 레버리지효과를 최대한 이용하는 것이 현명한 방법이기에 빌딩 시장에서 매수자의 90% 이상은 대출을 끼고 빌딩을 구매한다고 보시면 됩니다. 하지만 무리하게 대출을 이용해서 구매하는 것은 문제가 생길 수 있습니다. 이 말은 적절한 대출을 이용해서 빌딩을 구매한다면, 즉 레버리지 효과를 이용한다면 적은 돈으로 빌딩을 사서 월세가 나오고 나중에 매도할 때 자기자본 수익률이 올라가게 됩니다. 구매 시점에서 금리가 낮다고 생각하더라도 빌딩을 유지 관리하면서 발생되는 임차인의 만기 퇴실과 그에 따르는 공실 기간보증금 지급문제 그리고 유지 보수비용이 언제 어떻게 발생하는지 모르기 때문에 무리한 대출은 훗날 독이 될 수도 있습니다.

🏦 임대료 시세 정확히 파악하기

임대료 시세를 정확히 파악해야 나중에 임차 구성을 할 때 원만하게 임대계약을 할 수 있습니다. 현재 임대차가 너무 저렴하게 있다면 당연히 만기 이후에는 새로운 임차인을 구성해야 할 테고 너무 비싸다면 임대료를 낮춰줘야 임차인도 계속 이용할 겁니다. 여기서 상권이 형성되는 지역인지 아니면 죽어가는 상권인지도 파악해야 합니다. 당연히 상권이 형성되는 지역을 선택해야 하겠죠?

🏛 매매 가격이 적정한지 여부

과거 인터넷이 없던 시절에는 실거래 사례를 알 수 없었고 발품을 팔면서 부동산 중개인에게 의지해서 구매하는 경우가 많았습니다. 하지만 지금은 인터넷을 통해서 누구나 마음에 드는 빌딩 주변 실거래 가격을 찾아볼 수 있습니다. 실거래 가격은 시세가 되는 것이니, 꼭 참고할 필요가 있습니다. 이것은 나중에 따로 하나의 주제로 다루겠습니다. 참고로 실거래 사이트는 밸류맵과 디스코 이 두 곳이 가장 많이 거론되는데, 이중 디스코가 빠르고 활성화되어 있어서 가장 많이 쓰고 있습니다.

〈실거래 가격을 확인할 수 있는 사이트〉

🔍 | 밸류맵: www.valueupmap.com ⋮

🔍 | 디스코: www.disco.re ⋮

🏛 명도문제

신축 목적으로 빌딩을 구매했거나 아니면 리모델링 개보수를 계획한다면 그리고 월세가 시세보다 저렴하다면 아마도 임차인들을 모두 내보내고 새롭게 임대구성을 하게 될 겁니다. 아니면 사옥으로 전 층을 사용하기 위해서라면 역시 전 층 명도를 조건으로 빌딩을 구매하게 됩니다. 명도가 해결된 물건들은 거래가 빠르게 이루어집니다. 물론 다른 조건들도 좋아야 거래가 될 겁니다. 명도는 매매에서 중요한 부분이니 중개인에게 체크 요청을 해야 합니다. 명도는 '사전에 협의가 이뤄진 경우'와 '그렇지 않은 경우' 두 가지입니다. 그렇지 않은 경우는 빠른 진행이 어렵습니다. 중개인 입장에서 본다면 팔려고 하는 의지가 별로 없다는 생각이 들 겁니다. 하지만 다른 조건이 좋다면 매수자가 명도하는 경우도 있습니다. 특히 요즘처럼 매도우위 시장에서는 더욱 그렇습니다.

🏛 리모델링 비용

낡고 노후한 빌딩을 구매한다면 리모델링도 염두에 두고 구매하게 됩니다. 리모델링은 빌딩 외관을 하는 것이 있고 내부 복도, 화장실, 엘리베이터를 하는 경우가 있습니다. 명도가 완료된 상태라면 즉시 리모델링이 가능하나 그렇지 않으면 명도가 완료될 때까지 월세를 모아서 리모델링 비용으로 사용하는 경우가 되겠습니다 자금이 부족한 경우. 리모델링 비용은 최소한 5곳의 업체에 문의해서 선택하면 좋습니다. 재미있는 것은 5개의 업체에서 얘기하는 가격에 대한 근거가 모두 다르다는 겁니다. 따라서 직접 경험해 보시는 걸 추천합니다. '숨고'라고 하는 앱이 있는데, 이곳에 견적 의뢰를 하면 하루에도 여러 건의 견적 문의가 옵니다. 앱 검색에서 숨고숨은 고수를 찾아보세요.

현장답사 시
주의할 점

빌딩 건물을 중개인에게 소개받으면, 물건을 보러 현장 답사를 나갑니다. 그럼 가서 무엇을 어떻게 봐야 물건을 제대로 파악할 수 있을까요?

🏛 물건지 도착(자가용과 대중교통)

물건지를 가는 방법은 두 가지입니다. 자가용과 대중교통. 둘 다 장단점이 있지만 초보자라면 대중교통을 추천합니다. 특히 물건지가 지하철에서 도보로 5분 이상 걸린다면 반드시 대중교통으로 가야 합니다. 직접 지하철에서 걸어서 물건지까지 가보고 안 가보고는 매우 중요한 의미가 있습니다. 입지가 좋다면 근생 사무용으로 이용이 되겠지만, 그렇지 않다면 주택으로 이용됩니다. 주거용으로 이용될 때 지하철역과의 거리는 선택에 대한 결정요인이 됩니다. 내가 발품을 팔아야만 임차인의 입장을 이해할 수 있습니다 임대가 잘 나갈지 안 나갈지.

빌딩 건물을 처음 사보는 초보자라면 많은 것을 습득해야 하기에 지하철역에서 도보로 이동하는 동안 주변 상권을 잘 봐야 합니다. 어떠한 업종들 위주로 입점 되어 있는지 몰려있는 업종이 있는지 특수시장인지 공실은 얼마나 있는지 현재 방문하는 시간대와 유동인구는 얼마나 되는지 정도는 체크해야 합니다. 이것을 체크하는 이유는 근생 사무용 또는 주거용으로 이용될 때 임차인의 수요를 대략 가늠할 수 있기 때문입니다. 흔히 동네 분위기라고 하죠? 이 점을 유심히 봐야 합니다. 오가는 사람들도 없고 분위기가 냉랭하다면 원인과 해결책을 찾아야 합니다.

🕍 물건 컨디션 (내부와 외부)

물건 컨디션은 외부와 내부로 판단해 볼 수 있습니다. 우선 빌딩 건물이 있을 테고 연식이 있을 겁니다. 연식 대비해서 관리가 잘되어 있는지, 아니면 방치로 인해서 관리가 안 되어 있는지를 먼저 보게 됩니다. 월세는 관리상태에 비례합니다. 매도인이 관리를 잘했다면 그만큼의 값을 받으려 할 테고 그렇지 않으면 조금은 저렴하게 내놓게 됩니다.

그러면 여기서 값싼 물건이 나쁜 물건이 아니라는 말이 됩니다. 관리가 안 돼서 건물 복도에 거미줄이 처져 있고 유리창이 깨져있다고 해도 입지가 괜찮고 상권도 형성되어 있다면 특히 주변이 신축으로 변모되어가고 있으면 이는 구매해도 괜찮다는 신호가 됩니다. 숨어있는 가치를 볼 줄 아셔야 합니다. 외부를 볼 때는 누수와 균열 그리고 최소비용으로 수리하는 방법 등을 점검하시고, 내부에서는 결로현상과 벽면 곰팡이 정도를 해결하시면 됩니다.

🏛 상권과 입지

근생 용도로 사용하고 있으면 상권과 입지는 반드시 체크하셔야 합니다. 상권과 입지는 계속 강조하고 있습니다. 빌딩매매 시장을 포함 부동산에서 가장 중요하고 근간이 되는 것이 입지 그리고 상권입니다.

🏛 하자 체크

누수 문제, 곰팡이 결로현상, 벽면 균열, 배관 점검, 물탱크 점검 정도 하시면 됩니다. 매매 이후 6개월간 하자담보책임이 민법에 정해져 있는 바, 계약할 때 강조하시고 구체적으로 특약에 다시 한번 요청하면 더 좋습니다. 매매라는 것이 현재 시점에서 있는 그대로 매입하는 것이라 현 상태는 문제가 없더라도 잔금 이후 갑자기 배관에 문제가 생긴다면 이것은 매수자의 부담이 맞습니다. 배관도 소모품이므로 교환하면 그만이기 때문이죠. 그래서 협상을 유리하게 하려면 특약으로 명시하는 것이 좋습니다. 특히 가격조정이 안 된다면 더욱 그렇게 해야 합니다. 하지만 강남지역 꼬마빌딩은 물건이 없어서 거래가 안 되는 것이 현재 시점인지라 매도 우위인 경우는 어쩔 수 없습니다. 하지만 어떠한 중개인을 만나느냐에 따라서 계약도 유리하게 가져갈 수 있습니다.

🏛 확장성

확장성은 보통 증축을 말합니다. 물건은 건폐율과 용적률이 있는데 자신의 권리를 이용하지 못하고 있는, 즉 구축 중에서도 증축이 가능한 물건도 찾다보면 있습니다. 또한 현재의 건축법보다 더 혜택을 받은 건축물도 있습니다. 증축의 가능성은 항상 체크하는 습관을 지녀야 합니다. 유념해야 할 부분은 근생으로 증축이 되려면 주차공간을 확보해야 한다는 점입니다.

🏛 로컬부동산(매매가, 임대가)

매입을 고려 중인 빌딩 건물이라면 현장답사를 하면서 물건만 보지 말고 반드시 지역 부동산 3곳 정도는 방문해야 합니다. 방문해서 체크할 것은 '현재 주변에 나와 있는 빌딩 건물은 있는지?' 물건정보를 받고 임대시세도 함께 체크해야 합니다. 또 '내가 알고 있는 물건과 로컬 부동산에서 말한 정보가 맞는지' 꼭 비교해 보셔야 합니다. 소개받은 물건은 미리 오픈하면 안 됩니다.

레버리지(대출)의 활용과 리스크

    이번 시간은 빌딩매매에서 필수항목인 대출의 활용과 리스크에 대해서 알아보겠습니다. 연초인 1~2월은 비수기라고 하는데요. 빌딩 시장은 꼭 그렇지는 않습니다. 현재 빌딩 시장은 가격이 계속 올라가고 있어서 혹은 시장 상황이 빌딩 구매 외에는 마땅한 대안이 없어서 여러 가지 요인이 복합적으로 작용하는 듯합니다. 보통 빌딩을 구매할 때 대부분의 사람들은 대출을 이용합니다. 대출은 빚이기 때문에 월 이자를 부담해야 하는데요. 현재 금리는 2% 중후반 정도입니다. 과거부터 따지자면 저금리인 상황인데, 이러한 요인은 빌딩 구매를 촉진하는 중요 요인이 되고 있습니다.

    그럼 많은 사람들이 대출을 이용하고 있는데요. 그 이유는 무엇 때문일까요? 우선 첫 번째로 자금이 부족하니 부족한 자금을 빌리는 목적이 있습니다. 그럼 만약 충분히 돈이 있는데도 대출을 최대한 많이 쓸 계획이 있다면 어떠한 목적을 가지고 있을까요? 아마도 자기 자본을 최대한 적게 투자해서 구매하는 것에 대한 메리트가 있을 겁니다. 예를 들어, 10억 건물을 구매할 계획이고, 현금 10억이 있는데 은행에서 대출을 7억까지 해준다고 하면 3억으로 구매가 가능합니다. 그럼 7억을 쓰지 않고도 건물 구매가 가능하며, 7억을 다른 곳에 투자할 수 있습니다. 여기서 체크할 포인트는 '월 소득'과 '매각차익' 두 가지입니다.

🏛 월 소득

그럼 구매를 했다고 가정해 보겠습니다. 연수익률은 4%입니다. 10억에 4%면 연간 월세 4,000만 원이 나온다는 말이 됩니다. 월로 따지면 333만 원입니다. 그럼 금융비용은 연간 2.5%라고 가정해 보겠습니다. 대출 7억에 대한 금융비용으로 연간 1,750만 원 월간 145.8만 원이 되겠습니다. 4% 10억 월세수익에서 2.5% 7억 금융비용을 빼면 2,250만 원의 연간수익이, 월 187.5만 원의 월 수익이 발생합니다. 월세에서 금융비용을 충당하고도 매월 187만 원의 월 소득이 발생하는 것이 구매를 고려할만한 핵심 요인입니다.

🏛 매각차익

매각차익은 구매 이후 나중에 되팔 때의 이익을 말합니다. 이를 가능하게 하려면 가격이 올라야 하겠죠. 긍정적인 미래를 생각해서 매입했지만 미래는 알 수가 없습니다. 다만 과거의 사례를 가지고 미래를 예측해 볼 수 있습니다.

공시지가는 매년 재산세를 부과하기 위한 척도로써 사용되는데, 매년 상승했습니다. 과거 1991년부터 2021년 현재까지 1998년, 1999년, 2009년 정도를 제외하고는 말이죠. 공시지가가 오르면 매도인에게는 세금 부담이 늘어나고 이것을 매수자에게 전가합니다. 즉, 매매가격을 올리게 되는 겁니다. 공시지가와 매매가는 같은 방향으로 움직인다고 보시면 됩니다. 그럼 지난 1993년부터 2020년까지 단 3번의 하락과 25번의 상승이 있었다면, 확률적으로 올라갈 확률이 높겠지요? 그럼 10억에 구매한 것이 3년 후에 15억이 된다고 가정하면 5억의 매각차익이 발생하게 됩니다. 자기자본 3억을 투자해서 세전 5억의 매각차익이 발생하게 되는 것이죠. 금융비용은 월세소득에서 충당하니 신경 쓰지 않아도 됩니다. 월세소득과 매각차익은 빌딩을 구매할 때 레버리지를 이용하여 구매할 긍정적인 이유입니다. 그럼 리스크는 무엇일까요? 다음의 두 가지입니다.

1. 월 소득이 제대로 안 들어오는 경우

2. 매각차익이 없는 경우

앞서 말한 부분과 반대되는 상황이 되겠네요. 코로나와 같은 회피할 수 없는 리스크가 발생한다면 그래서 상가가 공실이 된다면 매월 발생하는 월세가 한순간에 사라질 수 있습니다. 물론 현실적으로 월세가 한순간에 사라지진 않고 서서히 낮아집니다. 보증금이 있으니까요. 코로나로 인해서 매출이 상승하는 업종도 있습니다. 특히 배달업종이 그렇습니다. 월세만 낮추면 임대는 맞춰집니다. 그럼 코로나 같은 이슈가 장기화하거나 상권이 죽어가는 지역이거나 이러한 이유는 월세소득의 하락 그리고 수익

률의 하락으로 결국 건물 가치의 하락으로 이어지기에 매각 당시의 금액
보다 가격이 하락할 수도 있습니다.

그럼 구매자 입장에서 대출은 최대한 활용하되, 현재 수익률이 3년, 5
년 후에도 이어질지를 체크해야 합니다. 또한 물건 지역이 최근 5년, 10년
동안 공시지가가 얼마나 올라갔고 매매가는 얼마나 올라갔는지를 체크해
볼 필요가 있습니다. 미래가치를 판단하는 것이 중요한데요. 코로나와 같
은 리스크는 어쩔 수 없다 하더라도 최근 3년간 주변에 어떠한 업종들이
생겨나고 있고, 월세는 어느 정도까지 올라가고 있는지 그리고 점심 시간
과 저녁 시간 인구의 유동량 정도를 통해 지역 분위기를 파악해서 구매를
결정하면 됩니다.

개인 명의 vs 법인 명의

    요즘 부동산 중개업계의 화두는 단연 중개보수 요율 조정입니다. 부동산 중개업에서 90%를 차지하는 부분인 주택중개시장에서는 그야말로 촉각을 곤두세우고 있습니다. 아파트를 전문으로 돈을 벌었던 그중 상위 1% 그룹은 연 매출이 최소 20% 이상은 하락할 것으로 보입니다. 반면 빌딩 시장은 어떨까요? 지금 당장은 아니더라도 장기적으로 본다면 영향을 받을 것 같습니다. 하지만 빌딩 건물은 금액이 무겁기에 매수인이 제한된 시장입니다. 매도와 매수 입장에서 볼 때 중개보수가 작아지면 좋겠지만 중개인 입장에서 돈이 되는 쪽으로 움직일 테니, 극단적인 상황을 가정하더라도 _{최저요율 0.1%} 일을 잘하는 중개인은 매도인과의 협상을 통해서 업무를 진행할 듯싶습니다. 시장 논리를 무시할 순 없으니까요.

    이번 시간은 빌딩을 구매할 때 '개인 vs 법인' 어떤 것이 유리한지를 살펴볼까 합니다. 매수인들은 아무래도 빌딩을 구매할 때 개인 명의를 먼저 생각하게 됩니다. 왜냐하면 법인 명의는 엄연히 개인 소유물이 될 순 없으니까요 법인 계좌의 돈은 개인이 마음대로 사용하지 못합니다. 하지만 결국 법인을 선택하는 것은 어떠한 이유가 있어서일 겁니다. 그 이유는 무엇일까요?

1. 자금조달

2. 세금

빌딩을 매입할 때 순수하게 자기자본 100%로 구매하는 사람은 거의 없습니다. 레버리지대출를 이용할 수 있다면 최대한 많이 이용하는 것이 보편적인 판단인데요. 부동산 대세 상승기에는 특히 더욱더 그렇습니다. 하지만 빌딩 시장에서 나이가 좀 있으시고 보수적인 분들은 약간의 대출을 선호하시는 분들도 많이 있습니다. 이러한 분위기 속에서 대출을 최대한 많이 받으려고 하는데요. 이유는 자기자본이 조금만 있어도 구매가 가능하고, 월세로 이자 비용을 충당하고도 짭짤하게 남기 때문입니다. 또한 3~5년 정도 보유 후 매각하면 매각차익이 발생하니 대출을 많이 받기를 원하게 되는 겁니다.

자금 조달대출은 개인보다 법인이 많이 받을 수 있습니다. 대출을 실행할 때 개인은 신용을 보지만 법인은 재무제표를 봅니다. 매매를 목적으로 1인 법인을 만들었다고 해도 개인보다 대출이 더 많이 나옵니다. 그래서 RTI임대업이자상환비율 도입 이후에는 급속히 법인 명의로 빌딩 건물을 구매하는 비중이 높아졌습니다. 여기서 RTI는 빌딩 건물에서 나오는 월세가 대출이자를 감당할 수 있는지를 판단하는 지표입니다.

참고로 매각차익이 많이 발생하려면 최대한 저렴하게 구매해야 합니다. 저렴하게 구매하는 것은 급매물 날리는 물건이라고 하죠? 어떠한 물건이든 장단점이 있는데요. 도로접, 역세권, 유동인구, 코너 이렇게 4개만 있으면 웬만한 단점은 커버가 가능한 장점이라고 생각하시면 됩니다. 두 번째는 현재가치에 숨겨진 내재가치까지 끌어 올려서 _{수익률과 건물의 컨디션 상승} 매매가격을 올려야 합니다. 이렇게 빌딩 건물 구매 후 매월 발생되는 이자 비용을 제외한 순소득은 건물주로써의 권리를 누리게 되고 매각차익을 얻을 수 있게 됩니다. 여기서 이제 문제가 생기게 됩니다. 그럼 문제는 무엇이냐?

바로 '양도소득세'입니다. 참고로 개인으로 구매했다면 임대료는 종합소득에 합산하게 됩니다. 만약 내가 현금 10억에 대출 10억 받아서 20억짜리 꼬마빌딩을 구매했고, 여기에 1.5억 원의 리모델링 비용을 들여서 3년 후 25억에 매각했다고 가정해 보겠습니다.

- 매입비용 10억
- 대출원금 10억
- 리모델링 비용 1.5억(자본적 지출 포함으로 계산)
- 취득세 4.6% 등기비용, 중개보수(매입 매도) 합 1억
- 매각비용 25억

양도소득세 간편 계산(부동산)

구분		일반세율(6~25%) [1-10]	비고
① 소재지			
② 양도가액		2,500,000,000	양도일자: 2021-02-11
③ 취득가액		2,116,000,000	취득일자: 2018-02-11
④ 필요경비		168,000,000	
양도 차익	⑤ 전체 양도차익	216,000,000	② - ③ - ④
	⑥ 비과세 양도차익	0	
	⑦ 과세대상 양도차익	216,000,000	
⑧ 장기보유특별공제		12,960,000	6% 적용
⑨ 양도소득금액		203,040,000	⑦ - ⑧
⑩ 양도소득기본공제		2,500,000	
⑪ 과세표준		200,540,000	⑨ - ⑩
⑫ 세율		38%	
⑬ 산출세액		56,805,200	(⑪ × ⑫) - 19,400,000 (누진공제)
⑭ 자진 납부할 세액		56,805,200	

양도소득세 계산을 위해 선택한 사항 요약
- 미등기양도 사항 (아니오)
- 피상속인 취득일 (해당없음)
- 장기일반민간임대주택, 장기임대주택 (아니오)
- 1세대 1주택 2년 거주 - 2020년 이후 양도 (아니오)
- 조정 지역 내 1세대 3주택 (아니오)
- 지정 지역 내 1세대 3주택 (아니오)

- 비사업용 토지 (아니오)
- 상속받은 자산 (아니오)
- 1세대 1주택 2년 보유 (아니오)
- 1세대 1주택 2년 거주 기간 - 2021년 이후 양도 (해당없음)
- 조정 지역 내 1세대 2주택 (아니오)
- 일부 양도 시 지분 (해당없음)

출처: 국세청 홈텍스 양도세 자동계산 서식 이용

매각차익은 5억입니다. 여기서 구매 당시의 취득세와 부대비용 그리고 건물의 가치를 상승시킨 리모델링 비용은 양도소득세를 낼 때 공제받게 됩니다. 하지만 그래도 38%의 세금을 부담하게 됩니다. 따라서 5,600만 원의 양도소득세를 내게 됩니다. 그럼 매입부터 매각까지 총비용은 12.5억이 됩니다. 25억에 팔아도 10억은 대출이니 15억에서 12.5억을 빼면 2.5억이 매각차익이 됩니다. 참고로 개인인 경우 양도차익은 분류 과세로 종합소득에 합산되지 않습니다.

과세표준	세율	누진공제	지방세율 포함
1,200만 원 이하	6%	해당없음	6.6%
1,200만 원 초과 4,600만 원 이하	15%	108만 원	16.5%
4,600만 원 초과 8,800만 원 이하	24%	522만 원	26.4%
8,800만 원 초과 1억5천만 원 이하	35%	1,490만 원	38.5%
1억5천만 원 초과 3억 원 이하	38%	1,940만 원	41.8%
3억 원 초과 5억 원 이하	40%	2,540만 원	44.0%
5억 원 초과	42%	3,540만 원	46.2%

개인소득세율

소득종류 법인종류	각 사업연도 소득			청산소득		
	과세표준	세율	누진공제	과세표준	세율	누진공제
영리법인	2억 이하	10%	−	2억 이하	10%	−
	2억 초과 200억 이하	20%	2,000만 원	2억 초과 200억 이하	20%	2,000만 원
	200억 초과 3,000억 이하	22%	42,000만 원	200억 초과 3,000억 이하	22%	42,000만 원
	3,000억 초과	25%	942,000만 원	3,000억 초과	25%	942,000만 원

법인소득세율

그럼 법인으로 구매해서 매각했다면 어떨까요? 법인은 종합소득세를 내지 않고 법인세를 내게 됩니다. 앞서 말한 대로 2.5억의 양도소득이 있다고 있을 때 개인은 41.8%, 법인은 20%를 적용합니다.

수익형 VS 시세차익형

　이번에는 빌딩 건물 구매를 고려할 때 고민하게 되는 대표적인 두 가지 형태를 소개하고 비교해 보도록 하겠습니다. 2021년 현재 서울권 기준으로 빌딩 건물들의 가격이 매우 많이 올랐습니다. 거래량이 많아지고 수요가 늘면 늘수록 매도호가는 올라가게 됩니다. 최근 5년간 특히 3년간 꼬마빌딩 시장의 거래량은 폭발적인 증가가 있었습니다. 하지만 실제 거래가격은 매도호가보다 낮은 수준으로 거래가 되는 편입니다.

　빌딩 건물에는 대표적으로 '수익형'과 '시세차익형'이 있습니다. 많은 분들이 수익도 괜찮게 나오면서, 이후 시세차익도 볼 수 있는 물건을 찾습니다. 조금 더 구체적으로 말씀드리면 매년 발생하는 수익률이 최소한 4%는 돼야 하고, 연간 자산 가치 상승이 5% 이상은 돼야 괜찮은 투자라고 생각할 겁니다. 하지만 현실에서 보면 이러한 물건은 보기 드물게 나옵니다. 나오더라도 고시원 원룸이 있는 경우입니다.

출처: 디스코(www.disco.re)

위 지도는 강남지역 2020~2021.03.31.까지 실거래 사례파란색와 동일 시점2021.03.31. 물건빨간색의 평당 가격입니다. 파란색은 모두 1억 대라는 걸 보면 알 수 있습니다. 하지만 빨간색은 어떤가요? 5개 중에서 1억 이하가 한 개이며, 모두 2억 이상이거나 2억에 근접해 있습니다. 평당 9,825만 원이 보입니다. 상대적으로 너무 저렴하네요. 자루형 대지로 이용 중인 다가구입니다. 물건의 상품성과컨디션 개별입지가 있어서 일률적으로 적용되는 것은 아니지만, 보편적으로 실제 거래되는 금액은 매도호가보다는 실거래가에 더 가깝게 거래되는 편입니다.

최근 5년간 많은 거래를 통해서 좋은 입지 상권에 포진한 물건들은 이미 손 바꿈이 끝났습니다. 버티면 오른다는 인식을 경험을 통해서 얻은 인기지역 건물주들은 물건을 팔아 양도세를 내고 나면 손에 쥐는 돈이 얼마 되지 않기에, 다른 건물을 살 엄두가 나지 않게 되죠. 따라서 양도세를 내는 것보다 가족에게 증여해서 미리 증여세를 내는 게 훨씬 저렴하여 증여를 실행하는 분들도 많습니다. 즉 빌딩매매 시장에서 보류 물건도 많고 물건 구하는 것도 어려운데, 한발 더 나아가 좋은 물건 구하기는 매우 어려운 것이 현실입니다.

어찌 됐든 수익형과 시세차익형은 쉽게 구분이 됩니다. 수익형은 월세를 많이 받는 물건이고, 시세차익형은 나중에 되팔았을 때 양도차익이 큰 물건을 말합니다.

🏛 수익형

· **선택의 문제**: 돈
· **관리의 문제**: 스트레스

매수자는 항상 효용성과 가성비를 따져보고 언제나 최선의 선택을 하려고 합니다. 돈이 많으면 선택의 문제는 자유로우니, 관리의 문제에서 최대한 스트레스를 덜 받는 쪽으로 선택하게 됩니다.

🏛 수익성 부동산에 대한 진실

① 수익률 측면에서 최고의 효용성과 가성비는 원룸형이다.
② 수익률이 높으면 관리의 문제는 필연적으로 발생한다.

③ 주거용 부동산은 대출이 제한적이고 다주택자는 보유세가 무겁다.

④ 대안으로 올근생 꼬마빌딩 시장이 있다.

⑤ 올근생 빌딩 1~2개 층 정도를 고시원으로 운영하면 수익률도 높아진다. 다만 관리의 문제가 있다.

🏛 시세차익형

- **시세보다 저렴한가?: 급매물**

- **매각 시점에 얼마를 받고 팔 것인가?: 양도차익**

시세차익형을 찾는 매수인들은 주로 현금흐름이 좋은 사람들입니다._{고연봉자, 건물주.} 이유는 시세차익이 목적이기 때문에 월세는 딱 월 금융비용과 보유세_{재산세, 종부세}를 부담할 수 있을 정도면 됩니다. 구체적으로 강남지역에 나오는 수익률 3% 이하인 물건들은 모두 시세차익형으로 볼 수 있습니다.

그럼 구매를 결정짓는 포인트는 현재의 가격과 미래가치입니다. 요즘은 실거래 가격이 모두 공개돼서 주변 거래 시세를 보고 가격의 적정성을 판단할 수 있습니다. 매도인은 물건 컨디션과 수익률을 통해서 매매가를 산정하게 됩니다. 하지만 매매가만 높을 뿐 팔리지 않으면 금액은 의미가 없습니다. '팔릴 만한 물건인가?' 매우 중요한 문제입니다. 시세차익을 얻기 위해서는 반드시 판매가 이루어져야 하는데요. 수요가 많아야 합니다. 수요가 많은 이유는 입지, 상권, 물건 컨디션, 가격 등 여러 가지 요인들이 있습니다. 모두 꼼꼼히 체크해서 결정해야 합니다.

tip! 수익형 부동산 파고들기

수익형은 월세가 많이 나오도록 만든 물건입니다. 입지는 변하지 않으니 주어진 입지에서 최고 월세를 받을 수 있도록 만들었다고 할 수 있습니다. 그럼 효용성_{가성비}을 우선순위로 분류하면 주거 〉 공업 〉 상업지역 〉 순으로 구분이 되며, 구매자는 해당 지역에서 최소비용으로 최선의 선택이 되도록 물건을 선택합니다. 가격이 비싼 순으로 보면 상업 〉 공업 ≧ 주거라고 볼 수 있으며, 상업지역은 평당가격이 비싸기 때문에 돈이 있는 사람이 아니면 덤벼들기 어렵습니다.

월세를 가장 많이 받는 방법은 주택을 원룸으로 쪼개서 놓는 것입니다. 주거용도는 당연히 주거지역에 가장 많이 있습니다. 또 역세권과 비역세권을 비교하더라도 월세의 차이가 조금 있을 뿐, 삶의 질이나 주거환경은 오히려 비역세권이 더 좋을 수도 있습니다.

하지만 현실을 보면, 주거용도는 대출이 막혔고, 다주택자들은 취득세 그리고 보유세가 부담됩니다. 즉 부동산 투기를 막고자 실행한 정책이지만, 건전한 부동산 투자자로선 불편한 것도 사실입니다. 무주택자의 실수요를 위해 집을 사는 것 외에는 이유와 목적을 막론하고 투자 자체를 막아버린 겁니다. 그래서 나온 대안은 '올근생 꼬마빌딩'입니다. 주거용 다중주택보다는 효용성_{가성비}은 떨어지지만 대출이 가능하고 세금부담이 없으니 사람들은 너도나도 꼬마빌딩을 찾고 있습니다.

수익률 예상하기
(현재 임대료 및 예상 임대료)

물건을 검토하다 보면 구매하고 싶은 물건을 찾게 됩니다. 그럼 구매 전에 예상 수익률을 계산해봐야 하는데요. 실제 받게 되는 미래의 임대료와 근접한 금액을 예측해야 합니다. 그럼 어떻게 계산해볼 수 있을까요? 우선 개념부터 살펴봅시다.

1. 현재 수익률: 현재 물건의 수익률

2. 기대 수익률: 구매자가 원하는 수익률

3. 예상 수익률: 임대 시세를 조사해서 적용할 수익률

4. 실제 수익률: 구매 이후 미래 시점에 임차구성이 끝난 이후의 수익률

🏛 현재 수익률

현 상태의 수익률을 말하며, 물건의 입지 상품성_{건물 컨디션}에 따라 3개로 구분할 수 있습니다.

① 덜 받고 있다.

② 적정하게 받고 있다.

③ 과하게 받고 있다.

현재 임대료를 조사해 봄으로써 물건지가 ①~③ 중 어느 것에 해당하는지를 알 수 있습니다. ①이라면 수익률이 올라갈 수 있지만, ③이라면 현재 수익률보다 더 떨어질 수 있으니 정확하게 조사해야 합니다.

🏛 기대 수익률

구매자가 원하는 수익률입니다. 모든 빌딩 건물은 입지와 상품성_{건물} _{컨디션}, 주변 상권에 따라 받을 수 있는 임대료의 최대치는 정해져 있습니다. 보통 구매자의 기대 수익률은 높지만, 실제 수익률은 기대치보다 낮게 형성됩니다. 그럼 기대 수익률을 포기할 만큼의 다른 만족을 충족시킬 만한 장점이 있는지를 보게 되는데요. 보통은 시세보다 저렴한 매매가격 또는 미래가치를 보고 선택하게 됩니다.

🏛 예상 수익률

현재 임대 시세를 조사해서 산정하는 예상 수익률을 말합니다. 현재의 임대 시세가 있지만 신축 또는 리모델링의 경우는 현재의 시세보다 높게 책정됩니다. 이유는 비용이 들어갔기 때문입니다. 그만큼 상품성_{건물의 퀄리티} 이 좋아지겠죠? 하지만 주변 환경과 경제 여건도 고려해야 합니다. 코로나와 같은 통제 불가능한 변수는 아무리 좋은 입지에 멋진 빌딩을 올린다고 해도 임대가 들어오지 않을 수 있습니다. 또한 주변 상권이 죽어가는 경우도 임차가 어렵겠지요.

🏛 실제 수익률

구매 이후 임차구성이 끝난 이후의 결과 수익률을 말합니다. 실제 수익률은 예상 수익률과 거의 비슷하지만 건물주의 의지에 따라 차이가 날 수도 있습니다. 현재의 월세가 주변 임대 시세보다 높은 경우는 건물주의 의지라고 할 수 있습니다. 구매자 입장에서는 시세보다 높은 임대료는 높은 수익률로 조심해야 할 부분이지만, 판매자 입장에서는 시세보다 높은 임대료는 높은 수익률로 적정매매 가격보다 높게 받을 수 있는 포인트가 됩니다. 그럼 월세를 높인다고 해서 임차인들은 모두 순순히 동의하고 입점할까요? 높은 월세를 받을 수 있는 전략은 따로 있습니다.

그럼 이제 수익률을 검토하는 순서를 말씀 드리겠습니다.

🏛 임대료 시세 확인

네이버 부동산을 통해서 물건지 주변 상가 사무실 월세 시세를 확인합니다. 아마도 여러 건이 올라와 있을 텐데, 물건지에 가장 가까운 곳, 현재 임대 광고를 하는 곳을 체크하시면 됩니다. 네이버 부동산을 보는 방법은 네이버 메인 화면에서 검색창 바로 아래 부동산을 클릭해서 들어가시면 됩니다.

출처: 네이버(https://www.naver.com)

🏛 상가 적용

근생 용도로 이용되는 층과 사무용으로 이용되는 층으로 구분됩니다. 1층은 근생 용도로 이용되고, 2층은 상권 입지가 좋은 경우에 한해서 근생 용도로 지층은 근생 용도로 이용됩니다.

🏛 사무실 적용

2층은 상권입지가 좋은 경우를 제외하고는 사무용으로 이용하게 됩니다. 대부분의 3층 이상은 사무용으로 이용하게 됩니다.

🏛 예상 임대료 산정

물건지 주변 임대료 시세 확인을 통해 상가 사무실의 임대료 평균 금액을 구합니다. 그리고 보수적인 시각에서 감산해줍니다.

다음 자료는 제가 고객들에게 제안하는 양식입니다. 필요하신 분들은 이렇게 물건 정보 현황을 만들어보시기 바랍니다. 만든 사람의 입장에서는 시세 파악이 정확히 되고, 보는 사람은 한눈에 많은 정보를 볼 수 있습니다.

1층 근생용 임대 시세 현황

2층 이상 사무용 임대 시세 현황

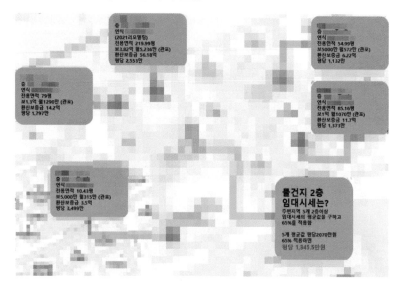

자료를 보면 주소, 층, 연식, 전용면적, 임대 시세, 환산보증금, 평당가를 적었습니다. 이해가 안 되는 부분은 환산보증금과 평당 가격일 텐데요. 설명해 드리겠습니다.

🏛 환산보증금

(월세 * 100) + 보증금 = 환산보증금

보증금 7,000만 원, 월 390만 원인 경우

월 390 * 100 = 3.9억에서 보증금 7,000만을 더하면 4.6억이 됩니다. 즉, 환산보증금 4.6억이 됩니다.

🏛 평당가

환산보증금 4.6억에서 전용면적 7.75평을 나눠주면 평당 5,935만 원이 됩니다. 면적에는 공용면적과 전용면적이 있습니다 <small>공용면적으로 하는 경우는 분양 값을 책정할 때 사용합니다. 원칙은 공용면적이 맞습니다.</small> 저는 전용면적으로 계산합니다. 이유는 실제로 사용하는 면적이니 임차인과 구매자 입장에서 현실감이 있기 때문입니다.

〈신축 시 예상 임대료〉

단위: 만 원

층수	건축면적	용도	전용률	전용면적	평당가	환산보증금	보증금	월세	기타
지층	52.0	주차장	대지면적의 75% 적용						
1	41.7	근생	0.83	35	2,242	77,598	10,000	676	
2	41.7	사무실	0.83	35	1,346	46,569	5,000	416	
3	41.7	사무실	0.83	35	1,346	46,569	5,000	416	
4	41.7	사무실	0.83	35	1,346	46,569	5,000	416	
5	41.7	사무실	0.83	35	1,346	46,569	5,000	416	
6	41.7	사무실	0.83	35	1,346	46,569	5,000	416	
7	41.7	사무실	0.83	35	1,346	46,569	5,000	416	
8	41.7	사무실	0.83	35	1,346	46,569	5,000	416	
9	41.7	사무실	0.83	35	1,346	46,569	5,000	416	
10	41.7	사무실	0.83	35	1,346	46,569	5,000	416	
11	41.7	사무실	0.83	35	1,346	46,569	5,000	416	
12	41.7	사무실	0.83	35	1,346	46,569	5,000	416	
13	41.7	사무실	0.83	35	1,346	46,569	5,000	416	
14	41.7	사무실	0.83	35	1,346	46,569	5,000	416	
합						682,996	75,000	6,080	

1. 1층 근생 용도 평당환산보증금 2,242만 원을 적용

2. 2층 이상 사무 용도 평당환산보증금 1,346만 원을 적용

3. 신축에 대한 프리미엄 없이 최대한 보수적인 접근으로 가격을 산정하였음

4. 총원가는 150억으로 예상되며, 7.5억이 보증금으로 환원되면 142.5억으로 예상

5. 200억 매매가 산정 시 예상 수익률 3.65%

6. 250억 매매가 산정 시 예상 수익률 2.92%

7. 관리비 부가세는 미포함된 금액임

예상 임대료 표에는 1~7번까지 부연설명을 기재했습니다. 예상 임대료는 최대한 보수적인 시각에서 계산하는 것을 원칙으로 합니다. 그래야 실제 임대료가 더 높게 나오기 때문입니다. 또한 신축이라는 프리미엄이 있는데, 역시 이러한 부분은 적용하지 않습니다. 예상대로 임대가격이 맞춰졌을 때 예상 매매가격도 넣어 봅니다.

매매가의 적정성을 판단하는 방법

과거 실거래 가격이 공개되지 않았을 때는 물건 금액이 비싼 건지 저렴한 건지 잘 모르고 구매하는 경우가 대부분이었습니다. 그래서 부동산 중개인을 전적으로 믿고 거래하는 경우가 대단히 많았지요. 중개인을 잘못 만나면 저렴한 물건을 비싸게 구매할 수도 있었습니다. 하지만 지금은 상황이 달라졌습니다. 이제 인터넷이 되는 환경이라면 누구나 휴대폰 앱을 통해서 또는 클릭 몇 번으로 과거와 최근의 빌딩 건물 거래 사례를 확인할 수 있습니다. 그렇다면 내가 눈여겨보고 있는 물건과 가장 가까운 위치의 거래 사례를 직접 확인해 볼 수도 있지요. 즉 가격의 적정성을 스스로 판단해 볼 수 있게 되었습니다.

누구나 가격 적정성을 판단하기는 어렵습니다. 단순하게 주변에서 거래된 금액만 가지고 판단하는 것도 부적절할 수 있습니다. 왜냐하면 부동산은 개별성이 있어서 모든 빌딩의 상품과 입지가 다르기 때문입니다. 상품과 입지가 다르면 수익률 차이가 나게 되고, 수익률에 따라 또는 입지에 따라 건물 가격은 큰 차이가 날 수 있습니다.

이번에는 매매가격의 적정성을 판단하는 방법을 살펴봅시다. 빌딩매매 시장에서 구매를 결정하는 핵심요인은 '가격'입니다. 많은 분들이 시세 대비 저렴한 가격에 건물을 구매하길 원합니다. 시장에서 급매물은 정말 많지 않습니다. 반면 시장에 나온 매물 대부분은 시세 대비해서 비싼 것들이 대부분이지요. 그럼 예비 매수자분들은 관심 있는 물건의 가격이 어떤지를 제대로 판단해야 합니다. 다음과 같이 판단해볼 수 있습니다.

거래가 가능할 때	거래가 안 될 때
· 급매물이다. · 시세대로다.	· 시세보다 비싸다. · 말도 안 되게 비싸다.

우선 거래가 가능한 금액인지 거래가 안 되는 금액인지 두 가지로 나눌 수 있습니다. 거래 가능한 경우는 저렴하게 나와서 급매물로 판단할 수 있는 경우가 있고, 아니면 인접한 지역에서의 최근 거래 사례 수준으로 나온 금액이 있습니다. 최근 거래 사례는 현재 시세가 됩니다. 물건을 볼 때는 평당 가격으로 보아야 물건과 주변 거래 사례를 비교해볼 수 있습니다. 하지만 대상 물건과 비교 물건거래 사례 물건의 면적, 입지, 수익률, 상품성 건물 컨디션이 모두 다르기에 나머지도 함께 비교해서 판단해야 할 것입니다. 그럼 가격을 판단하는 순서를 알아봅시다.

1. 디스코에 접속한다.

디스코는 가장 많이 사용하는 실거래 사이트입니다. 네이버 검색창에서 디스코를 검색하면 가장 상위에 뜨는 사이트입니다 https://disco.re/.

출처: 디스코(www.disco.re)

디스코에 들어가면 위 이미지와 같은 화면이 나옵니다. 검색창에 물건 주소를 입력합니다. 그럼 이제 필터를 클릭합니다.

2. 원하는 빌딩 매물 주소를 왼쪽 상단에 입력해서 검색합니다.

위 이미지 검색란에 주소를 입력합니다.

3. 필터를 누르고 설정합니다.

(1) 상업용 건물만 체크

(2) 실거래가 최근 3년 설정

(3) 경매와 에이전트 안 보이게 체크 매물과 실거래만 보이는 게 깔끔합니다

(4) 최하단 주변 **개 이상의 결과보기 클릭

출처: 디스코(www.disco.re)

필터를 클릭하면 위 이미지가 나타납니다. 여기서 상업용 건물만 체크합니다 우리는 빌딩 건물만 보기 때문. 마커 유형을 보고 매물, 실거래만 체크, 실거래는 최근 3년 정도로 체크합니다.

출처: 디스코(www.disco.re)

4. 총액 아래 단가를 클릭합니다.

그럼 이제 적정금액을 판단할 수 있는 구체적인 방법을 말씀 드리겠습니다. 이 부분은 매매가격의 적정성을 1차적으로 판단했다면, 보다 더 구체적으로 지불할 금액을 산정하는 작업이 됩니다.

(1) 우선 내가 관심 있어 하는 물건의 주변 거래 사례를 찾는 방법

가까우면 가까울수록 좋습니다. 같은 라인에 있으면 더더욱 좋겠죠. 같은 연도를 우선순위로 잡습니다. 같은 연도가 없다면 최대한 가까운 연도를 잡도록 합니다. 예를 들어, 관심물건은 도로변에 있는데 거래 사례는 뒤쪽 이면도로에 있을 수 있습니다. 이런 경우 관심물건의 평당 가격이 더 비싸게 됩니다. 그럼 '얼마의 가중치를 줄 것인가?' 하는 문제가 발생합니다. 이때는 같은 라인에 있는 가장 가깝거나 또는 가장 근접한 연도를 찾아봅니다. 그래도 없다면 비슷한 지역에서 거래된 사례를 참고합니다. 비슷한 지역이라고 한다면 반대편이 될 수도 있고, 반대편에도 없다면 범위를 더욱 넓혀서 가장 가까운 같은 라인의 거래 사례가 나올 때까지 찾으면 됩니다.

거래 사례는 한두 개가 아니라, 여러 개가 보이는 것이 보통입니다. 실거래 사례는 2005년부터 자료가 공개되고 있으니, 아마도 많은 사례를 볼 수 있습니다. 관심물건을 기준으로 물건보다 입지가 떨어지는 최근 거래 사례와 더 좋은 입지의 최근 거래 사례 함께 보셔야 합니다. 그래야 중간치인 관심물건의 적정가격을 추론할 수 있습니다.

(2) 매도인의 심리를 예상해서 추론하는 방법

매도인들이 물건을 최초에 내놓을 때는 받고 싶은 금액으로 내놓습니다. 가격에 대한 근거는 아마도 최근 거래 사례가 될 확률이 높습니다. 최근 거래 사례에 대한 정보는 물건지 주변 부동산을 통해 가격검증을 받고 매도가격을 설정합니다. 그럼 매도인은 최근 거래 사례에 근거한 평당 가격과 받고 싶은 금액 그리고 매도인의 개인적인 급함의 정도가 최종 가격 설정에 영향을 미칩니다.

그럼 다시 매수자 입장에서 관심 물건이 입지도 상품성도 떨어지거나 아니면 비슷하거나 아니면 더 좋거나 이렇게 3개로 구분해 보고 평당 가격이 월등히 높게 나왔다면 이유를 체크해야 합니다. 그리고 가격 조정이 가능한가? 이것이 구매를 결정지을 포인트가 되겠습니다.

구매 이후 관리의 모든 것

네 채

빌딩관리의 첫걸음, 임차인과의 첫 만남

이번 장에서는 빌딩 구매 이후 임대인으로서 빌딩관리에 관한 내용을 살펴보겠습니다. 빌딩을 구매하게 되면 3개의 경우로 나뉘게 됩니다.

1. 신축
2. 리모델링
3. 기존 빌딩

신축을 제외하고 리모델링, 기존 빌딩의 경우는 잔금 이후 싫든 좋든 현재 임차인들과 미팅을 한 번은 하게 됩니다. 새로운 건물주와 임대차 계약을 다시 써야 하니까요. 이것이 빌딩관리의 시작입니다. 그럼 서로 간에 입장이 존재합니다. 임차인은 새로운 건물주에게 사소한 것 하나라도 불만이 생겼던 건들에 관해 이야기하면서 건물 컨디션에 관한 수리 교체 및 임대료 인하를 요구하게 됩니다. 임대인으로서는 듣기 싫은 말이 되겠죠.

🏛 새로운 건물주인 임대인은 어떨까?

임차인이 현재 임대 시세보다 저렴하게 건물을 이용하고 있다면 새 임대인은 임차인에게 임대료 인상을 얘기할 수도 있습니다. 아니면 업종이 마음에 들지 않는다면 어떻게든 만기 이후 재계약을 하지 않게끔 얘기할 수 있습니다. 즉 서로 간에 입장차가 끝과 끝인 상황에서 만나게 될 수도 있다는 말입니다. 임차인이 돈을 잘 벌지 못하는 상황이라면 더욱 그렇게 될 확률이 높습니다. 코로나와 같은 상황이라면 더더욱 그렇겠죠?

그럼 임차인의 입장을 좀 더 살펴봅시다. 우리 법률은 소액 임차인을 '상가건물 임대차보호법'이라는 민법에 대한 특별법을 만들어서 보호하고 있습니다. 상임법에 따르면 건물주가 바뀌는 상황에서 기존 임차인은 임대차 계약을 거절할 수 있습니다. 즉 코로나 때문에 영업이 어려운 상황이라면 기존 계약을 포기하고 나갈 수도 있다는 뜻입니다. 하지만 실제로 장사가 되지 않는다고 해서 많은 임차인들이 건물주가 바뀌면 기존 계약을 포기할까요?

결론은 절대로 그렇지 않습니다. 보통 자영업자들은 점포를 빌리면서 시설 투자를 하게 되는데요. 시설권리를 포기하면서까지 또한 원상복구 비용을 들이면서까지 업장을 포기하는 경우는 거의 없다고 보면 됩니다. 이러한 구조는 임대인이 협상에서 유리하다는 것을 뜻하기도 합니다.

🏦 임차인들은 자신들의 요구를 관철하기 위해서 어떻게 행동할까?

바로 집단행동입니다. 임차인들은 한 건물에서 매일 얼굴을 보는 사람들로서, 건물주가 바뀌게 되면 뭉쳐서 임대료 인하를 요구하게 됩니다. 만약 10명의 임차인이 있고 그들이 똘똘 뭉쳐서 모두 퇴실한다고 하면 임대인은 예상하지 못했던 상황으로 인해 매우 당황할 수밖에 없습니다. 전체 공실이 된다면 정말 상권입지가 좋지 않은 이상 오랜 기간 동안 마음고생을 하게 될 겁니다. 당장 대출이자만 하더라도 상당한 압박이 되겠죠. 그럼 바뀐 건물주는 임차인들이 집단행동을 하지 못하게 대응하는 것이 최선입니다. 빌딩 규모가 크면 클수록_{임차인이 많으면 많을수록} 중요합니다. 방법은 임차인을 1:1로 만나는 것입니다.

🏦 만날 때 중요한 두 가지 사항

1. 결정권자는 따로 있다.

2. 서로 간의 협의 사항 및 계약 내용은 비밀이고 누설 시 불이익을 명시한다.

결정권자를 세우는 것은 무리한 요구를 피하기 위해서입니다. 임차인의 요구를 들어주면 끝이 없습니다. 특히 절대로 임대료를 인하해주어서는 안 됩니다. 임대료 인하를 수용하지 말고 렌트프리_{무상임차}를 주면 됩니다. 그럼 '왜 임대료 인하는 안 되는가?'라는 의문이 생깁니다. 다른 장에서 따로 말씀을 드리겠습니다. 렌트프리 기간은 개인마다 달라집니다. 임차인마다 계약 기간이 다르기에 남아 있는 잔여기간도 다릅니다. 그럼 그들이 요구하는 인하금액만큼 계산해보고 100% 수용하지 말고 다시 역제안을 해야 합니다.

임차인 면담은 특별한 일이 없으면 1회로 한정하며, 2회까지 간다고 해도 계약서를 작성하는 건으로 만나야 합니다. 물론 1회 면담 전에 처음 통화를 할 텐데요. 전화 통화의 목적은 '임대인이 변경됐고 임대차 계약서를 다시 작성하기 위해서'라는 내용 전달입니다. '면담 시 요구사항을 들어보고 결정권자의 입장을 내세우면서 실무자로서 최선을 다해 요구사항이 진행되도록 노력하겠다.' 정도로 마무리하시고 계약서를 작성하시면 됩니다.

그럼 임차인의 요구사항을 잔여기간 동안 계산해보고 금전으로 환산합니다. 이 요구의 최대 50% 이하에서 임차인의 중요도에 따라 렌트프리를 주는 것도 하나의 방법입니다. 임차인의 중요도는 전체 임대료 중 차지하는 비중, 건물 가치, 다른 임차인에게 주는 영향력을 생각해서 판단하시면 됩니다. 예를 들어, 스타벅스가 1층에 입점 되어 있다면 어떠한 영향을 주는지를 잘 생각해 보면 되겠죠? 그렇다고 무조건 들어주라는 뜻이 아닙니다. 스타벅스 매장 중에서도 매출 순위가 존재하고 폐점을 고민하는 매장이라면, 또한 동급의 다른 브랜드가 들어올 수 있는 입지라면 이러한 요인들을 잘 생각해서 대응해야 합니다.

월세 인하 요구에
대응하는 방법

앞 장에서 임차인의 월세 인하 요구에 대응하는 방법으로 월세를 인하해 주지 말고 렌트프리를 줘야 한다고 말씀을 드렸습니다. 그럼 왜 월세를 낮춰주면 안 된다고 했을까요? 월세를 낮춰줄 수도 또는 월세 낮추는 대신 렌트프리_{무상임대}를 줄 수도 있습니다. 그럼 두 가지의 경우 건물주_{임대인}에게 어떠한 영향을 줄 수 있는지를 알아봅시다.

🎐 월세를 낮춰주는 경우

매매가격은 그대로인데, 월 소득은 줄어드니 수익률은 낮아지며 건물 가치는 하락하게 됩니다. 매매를 생각하고 있다면 매수인 입장에서 구미가 당기는 좋은 물건이어야 합니다. 좋은 물건은 목적에 따라 다르겠지만 수익성 부동산, 매매차익용 보통 두 가지로 볼 수 있습니다. 콘셉트에 따라 상속세 재원확보용도 있습니다. 모든 사람들은 자신이 구매하고자 하는 빌딩 건물은 수익성도 좋고 향후 매매를 할 때 구매 당시의 가격보다 많이 올라서 비싼 가격에 팔기를 원합니다.

그럼 매도인 입장에서 수익률은 대단히 중요한 지표라고 할 수 있습니다. 반복해서 말씀드리지만, 서울은 4% 이상 수익률이 나오는 물건이라면 즉시 거래가 가능한 물건으로 판단합니다_{올근생인 경우.} 그럼 매도인은 자신이 받고자 하는 금액은 다 받으면서도 수익률이 높은 건물로 유지할 필요가 있습니다. 즉 월세를 많이 받는 거지요. 따라서 매매를 생각 중이라면 월세를 낮추면 안 됩니다.

🦑 렌트프리를 주는 경우

현재 월세를 유지하되, 무상임대 기간을 주면서 수익률을 방어하는 방법입니다. 매매를 생각한다면 특히 신축빌딩의 경우는 월세가 주변 시세 대비해서 과하게 비싸다고 판단되는 물건들이 대부분인데요. 특히 강남이 그렇습니다. 일정 기간이 지나면 어느 순간 인테리어 공사를 하는 모습이 눈에 들어옵니다. '부동산 중개인 입장에서 봐도 임대가 될까?'라고 생각했던 것들이 임대가 맞춰지는 것들을 보면서 정말 신기하기까지 했습니다. 나중에 알고 보니 신축빌딩들은 모두 렌트프리의 마법을 활용한 결과였습니다.

모든 임차인들은 지하철역과 가깝고 주차가 가능하고 건물 컨디션이 좋은 신축을 좋아합니다. 구축과 신축이 있으면 당연히 구축이 더 많고, 신축은 물건의 희소성과 들어간 비용으로 인해서 그만큼 사용금액이 더 높아집니다. 하지만 임차인들은 높은 지출을 감수하고도 더 많은 이익이 발생한다면 계약하게 됩니다. 사무실 확장을 생각하고 있는 성장세인 법인이라면 법인세도 점차 많이 내게 되겠죠? 사무실 임대료는 비용처리가 되니 법인에게 신축 임대료는 법인세를 절감시켜주는 것이니 큰 문제가 되지 않습니다. 더구나 건물주가 무상임대 기간을 준다고 하면 계약하지 않을 이유가 없습니다.

근생업종도 마찬가지입니다. 신축근생용 빌딩이라면 컨디션 매우 좋고 층고도 높으며 유명 프랜차이즈 브랜드들이 함께 입점하면 상권도 생기고 2차, 3차 소비가 유발되니 적극 검토를 하게 됩니다. 여기에 렌트프리를 주게 되면 성장하는 개인사업자는 계약을 하지 않을 이유가 없게 됩니다.

빌딩 건물
임대관리 전략

빌딩 건물 구매 이후 임대관리는 신규 건물주에게 가장 중요한 업무입니다. 신축, 대수선과 같이 임차구성을 처음부터 하는 경우라면 어떠한 업종을 입점시키느냐에 따라 건물 가치가 달라집니다. 건물 가치는 매매가격으로 표현되기에 업종구성은 비주거용 임대업에서 핵심 업무가 됩니다.

임대인들은 유명 커피전문점처럼 깔끔한 업종 위주로 입점시키고 싶어 합니다. 하지만 누구나 선호하는 업종들은 사실상 좋은 자리에만 들어가기 때문에 이미 들어갈 수 있는 곳들은 정해져 있어서 골라서 들어가게됩니다. 그럼 선택받을 수 있는 자리보다 선택받지 못한 자리가 훨씬 더 많은데요. 임대관리에 대한 내용을 충분히 이해하고 상황에 맞는 전략을 세운다면 원하는 좋은 결과를 얻을 수 있으리라 생각합니다.

🏛 임대관리의 목적은?
임대관리 업무의 목적은 월세를 잘 받는 것을 포함해서 건물 가치 하락에 대한 방어입니다. 빌딩 건물은 토지와 건물이라는 두 개의 부동산으로 구분되는데, 토지의 수명은 무한하지만 건물의 수명은 유한합니다. 따라서 토지의 가치는 시간이 지날수록 계속 올라가지만_{공시지가 상승}, 건물은 인위적으로 만든 구조물로 시간이 지날수록 낡고 노후화돼서 가치는 하락합니다. 부동산 시장에서는 건물의 수명을 20~30년 정도로 보고 있습니다. 실제로 연식이 20년 이상이 되면 건물값은 없고 토짓값만으로 거래가 됩니다. 오래된 연식 대비 상당히 비싼 빌딩 건물은 토짓값이 비싸게 거래되는 경우입니다.

빌딩 건물의 종류는 신축용, 리모델링용, 기존 빌딩 건물 3개로 구분할 수 있고, 크게 신규임차와 기존임차 두 개로 나눠볼 수 있습니다. 신규임차 구성은 모든 것을 처음부터 기획하고 진행하는 것으로서 임대료가 주변 시세보다 비싸기 때문에 난이도가 만만치 않습니다. 반면 기존임차는 현재까지 임대됐던 금액과 주변 시세가 있어서 임대료를 시세 또는 시세 이하로 진행한다면 임차인이 들어오는 것은 시간문제라고 할 수 있습니다.

건물 가치는 상승과 하락이 있는데요. 재무적 요인과 비재무적 요인 두 개로 구분할 수 있습니다.

1. **재무적 요인**: 임대료와 매각에 대한 부분으로 임대료가 상승 or 하락하면 매매가격을 높이거나 낮춰서 받을 수 있습니다.

2. **비재무적 요인**: 건물은 시간이 지나면 낡고 노후화되니 정기적인 관리를 통해서 눈

에 보이는 것들을 보기 좋게 하고, 임차인들이 계약 당시의 목적대로 사용할 수 있게

하는 물리적인 모든 행위를 말합니다.

결국 월세를 내는 주체는 임차인이니 임차인이 빌딩 건물을 임차 목적
대로 사용하되, 재계약 시 월세 인상에 대해서도 거부감 없을 만큼의 만
족도_{건물 컨디션}를 채워주는 것이 건물 가치 상승의 방법입니다.

그럼 임차인의 종류와 업종을 알아야 알고 어떠한 업종의 임차인들이
빌딩 건물의 재무적 요소에서 막대한 비중을 차지하는지를 알아야 합니
다. 이 말은 빌딩 건물에서 1층, 2층, 지층은 보통 근린생활용도_{근생 용도}로
사용이 되는데요. 1~2층의 임대료는 전체 임대료에서 50% 이상을 차지
하게 됩니다_{상업지는 제외}. 그 때문에 심혈을 기울여 업종을 선택하고 관리해
야 합니다. 그래서 제가 임차인의 종류와 업종을 이해해야 한다고 재차
말씀드리고 있는 겁니다.

🏛 최적의 업종 판단하기

그렇다면 최적의 업종을 판단하는 방법은 무엇일까요? 먼저 다음의 개
념을 알고 있어야 합니다.

· 토지의 위치는 정해져 있고 바꿀 수 없다.

· 토지의 위치는 입지라고 한다.

· 빌딩 건물을 포함한 모든 부동산의 가치는 입지가 80% 이상을 차지한다(나머지는

건물의 형태와 컨디션).

·정해진 입지에 올라온 건물에도 건물 내부의 위치에 따라 가치가 모두 다르다(중대
형 빌딩 건물 이상 또는 구분상가).

부동산에서 가장 중요한 것은 '입지'입니다. 빌딩 건물 역시 입지가 좋
아야 건물 가치도 올라가게 됩니다. '위치의 가치'라는 말이 있습니다. 부
동산은 입지가 가장 중요하다는 것을 단적으로 표현하는 말입니다.

그럼 자신이 구매한 빌딩 건물에서 신축 또는 리모델링 또는 공실 예
정인 곳에 임대를 놓기 위해서는 입지를 먼저 이해하고 주변 상권도 함께
볼 줄 알아야 합니다. 이것은 빌딩 건물이 모두 다르니 일률적으로 적용
하기는 어렵지만, 대체로 적용되는 것을 먼저 알려드립니다.

(1) 입지

① 역세권 유무 <small>도보 5분 이내</small>

빌딩 건물에서 지하철역까지 도보로 5분 거리에 있다면 역세권에 있
다고 말할 수 있습니다. 역세권이라 하더라도 주변에 상권이 형성되어 있
지 않거나, 주택들만 있는 입지라면 1층을 제외하고 근생업종으로 이용
하기 어렵습니다. 역세권이면서 코너 자리라면 출퇴근 동선이 되므로 자
연스럽게 동네 상권형 근생업종으로 이용할 수 있습니다. 편의점, 커피점,
미용실, 네일샵, 음식점, 호프집, 세탁소, 부동산, 판매점 정도가 있습니다.

규모가 있거나 상권이 형성된 역세권이면 근생 오피스 혼합 빌딩이 될 수 있으며, 상권이 없는 역세권은 상가주택의 형태로 이용할 수 있겠죠.

② 도로접 유무 _{자동차가 양방향으로 다니는 도로}

도로를 접하고 있는지는 단적으로 표현하면 유동인구의 많고 적고의 양을 말합니다. 생각해보면 지하철, 버스 등 대중교통을 이용하려면 도로로 나와야 합니다. 배후세대 주민들은 아침저녁으로 출퇴근을 하면서 주거지에서 버스나 지하철 입구까지의 인도와 차도, 도로변, 대로변 순으로 지나치게 됩니다. 가장 많은 사람에게 노출이 되는 곳은 지하철역이 있는 도로변으로 나왔을 때, 왼쪽 오른쪽으로 보이는 '코너 자리'입니다. 유명 프랜차이즈들은 모두 도로변 지하철역 근처, 횡단보도 앞, 코너 건물 1층에 있습니다. 특히 지역 상권에서 출퇴근 동선상에 입점하는 파리바게트를 생각해 보면 항상 지역 상권 최요지에 입점해 있습니다. 파리바게트 근처에는 항상 횡단보도, 코너, 커피전문점, 휴대폰대리점, 안경점, 은행, 마트가 있습니다.

ⓐ 역세권에 도로를 접하고 있는가?

ⓑ 역세권에 도로를 접하고 있지 않은가?

ⓒ 역세권이 아니면서 도로를 접하고 있는가?

ⓓ 역세권이 아니면서 도로를 접하고 있지 않은가?

위 4개의 질문 중에서 역세권에 도로를 접하는 것이 가장 좋습니다. 역세권과 도로접 유무의 우열은 상황에 따라 다릅니다. ⓒ인 경우 역세권은 아니지만 도로를 접하고 있다면 _{예를 들어, 역세권을 살짝 벗어난 도보 6~7분 거리 정도} ⓛ보다 입지가 더 좋을 수도 있습니다. 대부분의 유명 프랜차이즈들은 반드시 도로에 노출이 되어야만 입점이 가능하다는 사실을 꼭 기억하시기 바랍니다. 그리고 점포의 전면 길이도 중요합니다. 1층에 입점하는 업종들 대부분은 전면이 넓을수록 가시성이 좋아집니다. 가시성이 좋아야 방문 고객은 더 많아집니다. 방문 고객이 많아야 판매량이 늘어나고, 판매량이 늘어나야 매출이 증가하겠지요.

③ 이면에 위치

이면은 도로변이 아닌 경우를 말합니다. 도로를 접하지 않고도 배후가 오피스 밀집 또는 업종이 모여 있거나 집객시설이 있어서 인구 유입이 된다면 상권이 형성되는데요. 우리가 알고 있는 먹자상권은 보통 이면 지역에 활성화됩니다. 이면 지역이 월세가 저렴하기 때문이지요. 거기에 있는 도로를 이면도로라고 하고요. 상권은 보통 첫 번째 이면도로에 형성이 되거나, 첫 번째 이면도로가 4m 도로처럼 좁은 곳이라면 두 번째 이면도로 _{첫 번째 이면도로보다 넓겠죠?}에 상권이 형성됩니다.

ⓐ 역세권이면서 이면에 위치한 경우

ⓑ 역세권이 아니면서 이면에 위치한 경우

ⓐ의 경우는 상권이 형성됩니다. ⓑ의 경우는 배후세대에 대단지 아파

트가 있거나 어떠한 인구 유입이 가능한 집객시설과 오피스빌딩이 모여 있다면 상권이 형성되고, 그렇지 않으면 임대료에 한계가 있는 동네 상권으로 형성됩니다. 실제로는 서울 기준으로 역세권이 아니면서 상권이 형성된 경우는 아파트 대단지가 있을 확률이 높습니다. 참고로 월세는 입지가 좋고 상권이 형성되어 있을수록 많이 받을 수 있습니다. 꼭 그런 건 아니지만, 일반적으로 매매가격이 높으면 입지가 좋고 월세도 높습니다.

④ 코너에 위치

어떠한 입지든 코너에 위치하는 것을 가장 좋은 입지로 쳐 줍니다. 왜냐하면 코너는 두 개의 면이 노출되니 사람들 눈에 잘 띌뿐더러, 두 개의 도로를 접하고 있어서 인구 유동도 늘어나기 때문입니다. 반면 코너가 아닌 입지는 한 개의 면만 노출이 되니 코너 자리에 비해서 평당 가격이 저렴합니다. 두 개의 면과 한 개의 면은 가시성 노출 측면으로 본다면 두 배의 역할을 하는 것과 같다고 생각하시면 됩니다.

⑤ 지형의 모양과 높고 낮음

땅의 모양도 매우 중요합니다. 반듯한 사각형 모양의 땅을 가장 건축하기 좋은 땅으로 쳐 줍니다. 반면 삼각형의 땅은 건축할 때 버려지는 자투리땅이 생겨서 거래가 잘 안 되는 편입니다. 역세권에 도로를 접하고 있고 코너 자리에 있어도 정사각형과 삼각형의 땅은 신축으로 똑같은 건물을 올린다고 해도 수익률에서 차이가 발생할 수밖에 없습니다. 이러한 차이는 월세와 매매가격에 영향을 주게 됩니다.

또한, 아무리 좋은 입지라고 하더라도 지형이 높으면 이것 역시 감가의 이유가 됩니다. 생각해 보면 지하철역은 모두 평지에 있으며, 상권이 형성된 곳도 대부분이 평지입니다. 반면 지형이 높은 곳은 대체로 붕 뜨는_{상권 형성이 어려운} 지역으로, 유동인구가 별로 없고 자동차만 지나다니며 혹은 대로변이라도 호텔 혹은 모텔처럼 목적을 가지고 찾아가는 업종들 위주로 형성되어 있습니다. 그 때문에 지형이 높은 곳은 비선호하게 되며 수요가 없으니 가격 역시 평지에 비해서 상대적으로 저렴합니다.

⑥ 접하고 있는 도로의 너비

도로를 접하고 있다면 도로의 너비도 중요합니다. 보통 편도 2차로까지는 두 개의 라인이 하나의 상권으로 볼 수 있지만, 편도 3차로 이상부터는 단절돼서 별개의 상권으로 보게 됩니다. '강남구 테헤란로'는 6차로로써 두 개의 라인은 별개의 상권입니다. 하지만 편도 1~2차로 도로는 두 개의 상권이 하나처럼 사람들이 오가며 소비가 이루어지므로 한 개의 상권처럼 인식됩니다. 이것이 의미하는 것은 큰 도로를 접하고 있다고 해서 임차인에게 꼭 좋은 것은 아니라는 뜻입니다. 임대인은 월세를 잘 받고 임차인은 돈을 잘 벌고 월세도 올릴 수 있는 구조가 가장 좋습니다.

㉠ 2차로 국도: 12.0M(차로 3.5+3.5, 길어깨 2.0+2.0, 중앙분리대 1.0)

㉡ 4차로 국도: 20.0M(차로 3.5+3.5, 길어깨 2.0+2.0, 중앙분리대 1.0)

㉢ 6차로 국도: 27.0M(차로 3.5+3.5, 길어깨 2.0+2.0, 중앙분리대 1.0)

⑦ 대지의 평수

신축을 하는 경우라면 최소한 대지 면적이 60평은 이상은 되어야 건물을 올릴 수 있는 대지로 평가하게 됩니다. 이 말은 입지가 아무리 좋아도 대지 면적이 60평도 채 되지 않는다면 신축을 해도 수익성이 좋지 않다는 뜻입니다. 신축을 하려면 건폐율과 용적률의 적용을 받게 되는데요. 건폐율은 50~60% 구간입니다. 즉, 60평은 되어야 건축면적이 30~36평이 나온다는 말입니다. 여기에서 계단실과 외부 화장실, 엘리베이터의 면적이 빠지는데, 보통 17~23% 정도를 빼게 됩니다. 예를 들어 3종 일반 주거지역인 60평 대지에 신축을 한다고 하면, 30평 건축면적에서 5~6평이 빠지면 전용면적은 24~25평 정도가 됩니다.

전용면적은 실제로 사용하는 면적을 말합니다. 전용면적이 이 정도는 되어야 사무용이든 근생용이든 수요자가 있을 겁니다. 전용면적이 20평 이하가 되면 너무 작아서 적당한 월세를 받기가 어렵습니다. 신축의 목적은 '높은 수익성'이죠. 역시 신축을 생각한다면 최소한 대지 면적이 60평은 되어야 한다는 생각이 다시 한번 듭니다.

(2) 상권

① 상권의 종류: 대학가 상권, 오피스 상권, 주 5일 상권, 주 7일 상권, 지역 동네 상권
② 상권이 출퇴근 동선상에 있는지?

출퇴근 동선에서 파생된 가지 라인에 있는지?

첫 번째 이면 가로형, 세로형 도로인지?

두 번째, 세 번째 이면 가로형, 세로형 도로인지?

③ 물건지가 포함된 상권에서 가장 장사가 잘되거나 유명한 점포 업종
은 무엇인지?

④ 위 점포나 업종은 몇 년간 업을 유지하고 있는지?

⑤ 프랜차이즈는 무엇이 있는지?

⑥ 24시 상권이 있는지?

⑦ 상권에서 언제 업종들이 많이 바뀌었는지?

상권을 파악하려면 기본적으로 상권에 대한 이해가 선행되어야 합니다. 우선 상권의 종류를 알아야 할 테고, 해당 상권에서 내 물건은 어디에 해당하는지를 알아야 하지요. 그리고 빌딩 건물이 해당한 상권에서 가장 오래되고 유명하고 장사가 잘되는 업종은 무엇인지도 파악해야 합니다. 프랜차이즈는 어떠한 업종들이 들어와 있는지 그리고 상권은 일정한 주기로 업종이 전체적으로 바뀌기도 하는데요. 가장 최근에 바뀐 시기는 언제인지도 참고해야 합니다. 이러한 모든 사항을 참고해서 가장 적합한 업종을 생각해보면 최적의 임차구성이 나올 겁니다.

(3) 근생업종의 종류

① 휴게음식점

② 일반음식점

③ 판매점

빌딩 건물에서 1층이 가장 중요하다고 거듭 말씀드렸습니다. 가장 선호하는 것은 불을 쓰지 않는 판매점이면서 여성이 주 고객이거나 여성 관련 품목을 다루는 프랜차이즈 업종입니다.

선호하는 업종은 판매 서비스업으로 커피 프랜차이즈, 편의점, 미용실, 네일샵, 코인세탁소, 병·의원, 사무실 정도로 생각해볼 수 있습니다. 음식점은 월세를 많이 주기 때문에 주는 것이지 위의 업종들과 음식점이 경합하면 당연히 판매점이나 서비스 업종을 주는 것이 맞습니다. 왜냐하면 음식물을 조리하면 즉 불을 쓰는 업종이면 냄새가 나게 되고 장기화되면 건물 내외부에 부정적인 영향그을림, 기름때 등을 주기 때문입니다. 닥트를 설치한다고 해도 냄새는 반드시 납니다. 계약 기간은 최소 2년 이상이니근생업종은 보통 2년 계약을 가장 많이 합니다, 특히 건물에 냄새가 배고 기름이 많은 곱창류나 고기류를 다루는 업종이라면 화재 위험도 있고 건물에 기름기가 끼게 되므로 건물 내부가 변색됩니다. 건물주들은 사실 음식점을 그렇게 선호하지 않습니다.

하지만 월세를 많이 받으려면 음식점은 반드시 입점해야 합니다. 웬만하면 프랜차이즈를 주는 것이 좋습니다. 프랜차이즈가 들어올 만한 입지 상권이 아니라면 굽는 고깃집이 가장 월세를 많이 받을 수 있을 텐데요.

닥트 설치와 화재보험은 특약 조건으로 꼭 확인까지 해야 합니다. 자영업자의 평균수명은 3년으로 초보 창업들은 대부분 망한다고 봐야 합니다. 이러한 것까지 볼 줄 안다면 임차인을 가려서 받을 수 있을 겁니다.

(4) 근생 업종의 유형

① 고급인지?
② 일반인지?

상권에는 박리다매로 많은 사람들이 오가는 만큼 많이 팔아야 높은 매출이 나오는 업종이 있는 반면 적은 사람이 오더라도 고가로서 높은 매출이 발생하는 업종도 있습니다. 이것은 상권이 중요한데요. 압구정로데오역 상권과 청담동 상권처럼 일부 특정지역에만 해당됩니다.

(5) 사무업종의 종류

① 다단계
② IT
③ 전문자격증
④ 건설 관련업
⑤ 제조업
⑥ 금융업

사무실은 많은 업종들이 있지요. 상권이 어느 정도 형성된 곳에서는 3층 이상부터 사무 용도로 이용이 되고 2층까지는 근생 상권이 형성되지 않은 곳은 1층부터 사무 용도로 이용된다고 보시면 됩니다. 하지만 서울 전 지역에서 사람들이 모이는 홍대나 강남역처럼 대형 상권 또는 신도시에 있는 상업지역처럼 전 층이 근생으로 이용되는 곳도 있습니다.

피해야 할 업종은 영업을 하는 업종으로 특히 다단계, 네트워크 사업은 까다로운 조건으로 보증금을 높게 받을 것을 추천합니다. IT 업종은 야근을 하는 경우가 많아서 24시간 개방하는 업종입니다. 전문자격증은 한번 입점하면 상당히 오랫동안 임대하는 경우가 많고, 병·의원은 근생으로 포함됩니다. 그리고 건설 관련업도 다단계, 네트워크 사업처럼 조심해야합니다. 그 외 업종들도 계약하기 전에 회사 홈페이지도 방문해서 업력도 살펴보고 매출이 증가세인지도 확인한 다음 진행하는 것을 추천합니다.

직접 임대 vs
부동산 활용

임대를 맞추는 방법은 '직접 임대'와 '부동산을 활용한 방법' 두 가지가 있습니다. 우리는 두 가지 방법을 적절하게 사용해야 하는데요. 직접 임대는 문자 그대로 임차인을 직접 찾는 방법을 말합니다. 부동산 활용은 상가 사무실 전문 부동산에 의뢰해서 임대를 맡기는 방법을 말합니다. 상가 사무실 전문으로 한다고 해서 부동산 중개인만 믿고 무작정 기다릴 수는 없습니다.

부동산 중개업은 계약을 써야 중개보수가 지급되는 구조라서 급여를 받고 움직이는 것이 아니므로 내 빌딩 건물을 팔기 위해 최선의 노력을 하지 않을 확률이 매우 높습니다. 그냥 광고를 해서 손님 문의가 오면 보여주는 것이 전부라고 해도 맞습니다. 그럼 계약이 될 만한 물건 위주로 움직인다는 말이 되겠죠. 그럼 어떻게 해야 할까요? 그래서 직접 임대를 하면서 동시에 부동산을 활용해야 한다고 말씀을 드린 겁니다.

🏛 직접 임대

직접 임대는 내가 주도적으로 임차인을 구하는 모든 방법을 말합니다. 현수막 설치, 프랜차이즈에 직접 내놓기, 지면 광고, 인터넷 광고 정도가 있습니다. 장점은 비용이 적게 들어간다는 점 중개보수 대비해서과 직접 임대관리에 개입해봄으로써 경험을 쌓을 수 있다는 점입니다. 현수막 설치는 빌딩 위에 걸려있는 '임대문의 010 1234 5678'과 같은 현수막을 많이 보셨을 겁니다. 중대형 빌딩 건물이라면 공실률은 언제나 존재하기에 잘 보이는 눈에 띄는 곳에 임대 문의 현수막을 걸어놓는 방법입니다.

요즘은 다음 지도나 네이버 지도에 로드뷰 서비스를 하고 있는데요. 상가 전문 부동산들은 로드뷰를 통해 임대문의 연락처를 보고 전화를 해서 손님을 소개하기도 합니다. 프랜차이즈에 직접 내놓는 방법은 본인 건물 근생 자리에 입점이 가능할 만한 업종을 생각해보고, 그 업종에 맞는 프랜차이즈에 연락해서 점포 정보를 알리는 것을 말합니다. 요즘 코인빨래방이나 아이스크림 할인점 같은 무인점포가 많이 생기고 있습니다. 편의점이 들어갈 수 있는 자리에는 무인점포도 함께 들어갈 수 있는 자리이니 알고 계시면 도움이 되실 겁니다.

지면 광고는 주로 일간 지역 정보지에 광고하는 것을 말합니다. 비용이 생각보다 비싸며 구 도심지나 소형점포에 적합합니다. 인터넷 광고는 건물주가 꼭 알아야 할 인터넷 사이트 편에서 구체적으로 소개하겠습니다.

🏛 부동산 활용

직접 임대가 비용을 절약할 순 있지만 그렇다고 해서 직접 임대가 주가 되어서는 안 됩니다. 임차인은 많고 어떤 임차인이 어디서 어떻게 나타나서 계약하자고 할지 알 수 없기 때문에 부동산을 통해서 소개받는 것은 언제나 1순위가 되어야 합니다. 직접 임대는 병행하는 것으로 생각해야 편합니다. 그럼 부동산이 내 건물을 맞춰주기 위해서 일을 하게 만들어야 합니다. 여기에는 두 가지 방법이 있습니다.

(1) 많은 부동산에 퍼트린다.

(2) 하나의 부동산에 전속 중개를 맡긴다.

보통 대다수의 건물주는 (1)을 선택합니다. 많은 부동산에 물건을 내놓아야 계약될 확률이 높아지기 때문입니다. 임대를 빨리 맞출 생각이라면 주변 임대 시세를 확인하고 시세 정도 수준으로 내놓아야 합니다. '만약 내가 임차인이라면 여기 들어와서 돈을 내고 장사를 하려 할까?'라는 마음으로 생각해보고 수리할 곳은 미리 수리해놓는 것이 좋습니다.

(2)는 선진국형_{미국식} 중개시스템입니다. 하나의 부동산에 전속 중개 계약을 맡기는 방법입니다. 전속 중개는 마치 양날의 칼과 같아서 신속하게 계약이 체결될 수도 있지만, 반대로 시간만 허비할 수도 있습니다. 또한 많은 부동산과 거래를 해왔다면 하나의 부동산에만 전속을 줄 경우 특히 물건지 중개업자들에게 미운털이 박혀 극단적이지만 집단으로 배제를 당

할 수도 있습니다.

그래도 신축이고 비싼 가격으로 임대를 맞추고 싶다면 실력 있는 중개업자에게 전속을 맡기는 것이 현명한 판단이 될 수도 있습니다. 중개 시장은 공동중개가 활성화되어 있어서 전속 부동산은 물건 담당자의 역할을 하고, 그 외 타 부동산 손님 역할을 하게 되니 안정감 있게 임차구성을 진행할 수 있습니다.

이렇게 생각해 보시면 이해가 빨리 될 겁니다. '내 빌딩은 신축이고 입지도 컨디션도 정말 좋다. 전화 문의가 많이 오고 있고 계약이 빨리 될 것 같다고 판단이 된다. 하지만 개인 업이 있어서 전화 문의가 계속 오는 게 부담되는데 어떻게 해야 할까?' 전속 중개를 주는 것이 현명한 판단이 될 수 있습니다. 중개보수는 어차피 지불될 비용이니 일 잘하는 똑똑한 중개인에게 업무를 위임하는 것입니다. 부동산을 선택할 때 부동산의 규모보다는 일을 맡아서 해줄 '개인의 역량'을 우선으로 봐야 합니다.

> **tip! 부동산 활용 시 체크리스트**
>
> ☐ 상가 사무실 전문 부동산인지
> ☐ 경험은 얼마나 있는지
> ☐ 어떠한 방법으로 광고를 할 건지
> ☐ 만실까지 기간은 얼마나 생각하고 있는지
> ☐ 가장 최근에 계약한 3건에 대해서 구체적이고 상세하게 질문해보기

임대 방법
(근생 용도, 오피스 용도)

그럼 이제 임대 방법을 근생 용도와 오피스 용도로 나누어 좀 더 구체적으로 알아보겠습니다.

🏛 근생 용도

근생 용도는 개인 브랜드와 프랜차이즈로 구성됩니다. 임대구성을 하기 전에 본인의 빌딩 건물이 어떠한 상권에 속하는지를 먼저 파악합니다. 상권은 5개의 등급으로 나눠볼 수 있으며, 상권마다 들어갈 수 있는 사업자는 월세를 내고 업을 운영해 볼 의지가 있는 사업자가 되겠습니다. 상권마다 급이 있고 상위로 올라갈수록 월세가 비싸집니다. 반면 상위등급일수록 유동인구는 많고 상권이 활성화되어 있습니다.

· S급: 핫플레이스 유명 상권, 유명 지역 대로변 상권, 예) 강남역, 명동, 홍대, 건대

· A급: 핫플레이스보다 규모는 작지만 인구 흡입력이 있는 상권, 강남권 중구 여의도 등 오피스 밀집 상권, 홍대 건대를 제외한 대학 상권, 지역 역세권 초입 상권, 대로

변 코너 상권

·B급: 지역 역세권 첫 번째 이면도로 상권(이면도로 코너는 B⁺ 포지션), 도로변 상권

·C급: 동네 지역 상권에서 첫 번째 이면을(b급) 제외한 나머지 상권(가지 상권)

상권별로 입점이 가능한 업종들은 대략 정해져 있습니다. S~A급은 트렌트에 민감한 유명 프랜차이즈가 들어갈 수 있는 상권으로 매매가 평당 1.5억 이상 하는 곳입니다. 이런 곳은 대로변인 경우 광고를 목적으로 안테나샵을 오픈하는 경우도 있는데요. 건물주 입장에서는 마냥 좋은 것은 아닙니다. 특히 신생 브랜드라면 득보다 실이 많을 수도 있으니 주의해야 합니다.

먹자상권의 경우는 상권의 주 고객층의 연령에 따라 입점하는 업체들의 유형도 달라집니다. 학원가가 많다면 20대 초중반이 많을 테고, 주머니 사정이 넉넉지 않을 테니 객단가는 낮고 테이블 회전이 빠른 업종들이 많을 겁니다. 단순하게 본다면 '장사가 안 돼서 망하지는 않겠구나'라고 생각할 수 있습니다. 물론 입지와 경쟁업종, 유사업종의 흐름을 잘 살펴야 하겠죠?

이 책을 읽는 대부분의 독자분들은 간혹 A급 대부분은 B, C급의 구매에 관심이 있는 분들일 겁니다. 우리가 현실적으로 상대할 업종들은 동네 지역형 임차인들입니다. 편의점, 빵집, 커피전문점, 각종 판매점, 휴대폰대리점, 미용실, 네일샵, 고깃집, 일반 음식점, 마트 등 본인이 사는 집에

서 지하철역까지 눈으로 볼 수 있는 업종들이 현실적으로 맞춰야 하는 업종이 됩니다. 직접 임대와 부동산을 통해서 임대를 진행하되, 임대 시세는 평균 정도로 맞추면 임대 완료는 시간문제입니다.

🏛 오피스 용도

오피스 용도는 사무용입니다. 신축으로 빌딩을 멋지게 지었다면 임대 계획을 세워야 합니다. 신축이기 때문에 당연히 주변 구축보다 임대 시세가 높게 형성됩니다. 그럼 '주변 시세보다 비싼 임대료를 과연 어떠한 업체들이 감당하고 들어올까?'라는 의문이 생깁니다. 여기서 우리가 짚고 넘어가야 할 몇 가지 포인트가 있습니다.

- 업체들은 매년 법인세를 내게 되는데 사무실 임대료는 비용처리가 된다.
- 성장하는 업체들은 법인세도 많아지며 고용이 늘어난다. 그래서 더 많은 사무공간이 필요하다. 사무실 임대료 인상에 큰 저항은 없다.
- 최근 3년 이내 지어진 신축빌딩들은 존재하며 그 빌딩에 입점한 임차인도 존재한다.
- 준 신축 빌딩의 임대료는 신축인 내 빌딩의 임대료와 큰 차이가 나지 않는다.
- 임차인들이 지출하는 월세를 알고 내 빌딩으로 입점할 수 있게 제안해볼 수 있다.

3년 이내 신축은 현재의 신축과 비교해보면 월세에서 큰 차이가 나지 않습니다. 그럼 신축 건물 주인의 입장에서 렌트프리를 이용한다면 어떨까요?

'제소전 화해조서'란 무엇인가?

이번 장은 제소전 화해조서를 소개하고 실무에서 어떻게 이용되고 있는지를 알아보려 합니다. 듣기만 해도 낯선 용어인 '제소전 화해조서'에 대한 사전적 의미를 살펴볼까요?

제소전 화해는 개인 간에 분쟁이 발생한 경우에 소송으로 이어지는 것을 방지하기 위해 소송 전에 쌍방이 서로 화해하도록 하는 것을 말한다. 제소전 화해의 제기가 적합한 것으로 판단되는 경우에는 일정한 기간을 주고 쌍방간에 화해를 할 수 있도록 한다. 그리고 화해가 성립되면 화해조서를 작성한다.

제소전 화해조서는 신청인과 피신청인 사이의 화해가 성립되었음을 알리고 이를 증명하기 위해 작성하는 신청 서류로, 제소전 화해조서에는 신청하게 된 취지와 이유, 화해로 인해 성립한 조

항, 첨부서류 목록 등을 기재하도록 한다.[*]

그럼 빌딩 건물 임대관리 실무에서 제소전 화해조서가 어떻게 이용될까요? 임대관리 업무는 임차인이 입점을 하면서 시작됩니다. 건물주 입장에서 임대관리를 잘하는 경우는 우량임차인이 월세를 잘 내고 꾸준히 월세를 올리면서 장기 임차하는 것입니다. 그럼 임차인 입장에서 보면 점포를 빌려서 자신이 원하는 목적대로 사용하는 건데, 월세 인상은 월 지출이 늘어나는 경우이니 당연히 싫어할 수밖에 없겠죠. 그럼 월세 인상이라는 요인에 대하여 임차인은 다음과 같이 3개의 경우에 해당할 겁니다.

1. 매출 상승
2. 매출 유지
3. 매출 감소

1번이라면 월세 인상에 큰 거부감 없이 받아들일 확률이 높고, 2번 역시 충분한 명분과 근거가 있다면 받아들일 겁니다. 문제는 3번입니다. 코로나처럼 감당할 수 없는 상황이 생길 수도 있지만, 창업자의 3년 이상 생존율이 30%가 채 안되기에 많은 임차인들이 폐업을 하기까지 임대인의 골치를 아프게 할 수 있습니다. 그럼 어떤 골치 아플 사건이 발생할까요?

---

[*] 네이버 지식백과 참조.

1. 월세 미납

2. 월세를 보증금으로 충당하되 보증금이 마이너스가 된 경우

3. 명도를 요청해도 권리금을 받기 전에 못 나간다고 떼쓰는 경우

매출이 하락 중인 임차인에게 월세 미납은 흔한 일입니다. 문제는 위의 2~3번입니다. 임차인 10명 중 8~9명은 장사가 안 되더라도 계약에 대한 사항은 지키려고 노력합니다. 하지만 개중에 1~2명이 문제입니다. 이런 사람들은 자신이 건물주 컨트롤이 가능하다고 판단되면 건물주를 만만하게 보는 경우 자신의 손해를 최소화하기 위해서 계약사항을 월권하는 행위를 하게 됩니다. 상식을 벗어나는 행동을 하게 된다는 말입니다.

이러한 행위는 보증금을 까먹은 상태에서도 장사하는 경우 아니면 장사를 하지도 않으면서 권리금을 받기 전에는 나가지 못하겠다고 하는 경우 두 가지입니다. 여기서 '제소전 화해조서'의 유무에 따라 아주 큰 차이가 발생하게 됩니다. 제소전 화해조서는 재판상 확정판결과 동일한 효력을 가집니다.

그럼 장사가 안돼서 월세를 미납하다가 보증금까지 모두 월세 분으로 이용돼서 명도요청을 했으나, 무응답으로 일관하는 임차인이 있다면 명도소송을 진행하게 됩니다. 명도소송은 처음 시작 시점부터 빨라도 6개월 이상 걸립니다. 당연히 결과는 이기겠죠. 어찌 됐든 명도를 시작해서 마무리까지 하게 됩니다. 하지만 6~8개월이라는 시간이 지나갔습니다. 이 기

간에 월세는 임차인 부담이기는 하지만 _{재판이 끝나고 받음} **명도소송을 진행하는** 과정에서 오는 스트레스가 문제인 것입니다. 그럼 명도소송 판결과 동일한 효력을 가진 제소전 화해조서가 있다면 명도소송까지 걸리는 시간을 단축할 수 있으며, 스트레스 없이 쉽게 명도가 가능합니다.

건물주는 자신의 빌딩을 시장에 내놨을 때 특히 오래된 건물이라서 신축 용도가 최적의 목적인 경우 제소전 화해조서의 유무는 매수를 결정짓는 핵심요인이 될 수 있습니다. 특히 유흥주점처럼 명도의 난이도가 있는 업종인 경우 더욱 그렇습니다. 만약 임대인들이 특히 근생업종 위주로 되어 있거나 신축 용도로 매매를 생각하고 있다면 제소전 화해조서를 무조건 받아놓는 것이 좋습니다.

🏛 제소전 화해조서 받는 방법

임대차 계약서를 작성하면서 같이 요청합니다. 보통 건물주가 요청할 때 특별한 불이익이 없다고 판단하면 응하게 됩니다. 직접 할 수도 있지만 법무사에게 의뢰하면 50~60만 원 정도에서 진행됩니다.

제소전 화해신청서

신청인   성 명: (주민등록번호 :   )
            주 소:
            연락처 :

피신청인   성 명: (주민등록번호 :   )
            주 소:
            연락처 :

신 청 취 지

신청인과 피신청인 사이에 화해조항과 같은 화해의 성립을 구합니다.

신 청 원 인

1. 별지 기재 부동산은 신청인의 소유인 바, 20   년   월   일 피신청인과 임대보증금 금
원, 월차임 금   원, 임대기간 20   년   월   일부터 20   년   월   일 까지로
하는 임대차계약을 체결하고 현재 피신청인이 이를 점유, 관리하고 있습니다.
2. 따라서 신청인은 임대기간 만료 후 발생할 분쟁의 소지를 방지하기 위하여 아래의 화해조항과
같이 화해신청을 하고자 하오니 당사자 쌍방을 소환하시어 화해가 성립되도록 권고하여 주시기 바
랍니다.

화 해 조 항

1. 피신청인은 임대기간 만료일에 임대보증금 금   원을 반환 받음과 동시에 별지 기재
부동산을 신청인에게 명도한다.
2. 피신청인은 위 부동산 명도 시 권리금 등 일체의 권리를 포기한다.
3. 기타 화해사항을 기재한다.

첨 부 서 류

1. 부동산 임대차계약서 사본   1통
1. 등기사항전부증명서(건물)   1통
1. 신청서 부본   1통
1. 기타 관련서류   각 1통

20   년   월   일

신청인   (인)

(   )지방법원 (   )지원 귀중

빌딩 건물 임대관리를 위한
필수 사이트

임대관리는 직접 관리와 부동산을 활용한 방법 두 가지가 있습니다. 제가 소개하는 사이트는 상가 사무실 전문 부동산 중개인이 실제로 광고하는 방법으로써 공실이거나 공실 예정이라면 미리 해당 사이트에 광고를 게시함으로써 임대를 맞추는 방법입니다. 모두 무료이니 편리하게 이용하시면 됩니다. 무료광고에 더해서 유료 광고를 하셔도 되지만, 유료라고 해서 임차인이 빨리 맞춰지는 건 아니란 점을 기억하시기 바랍니다.

사무실은 주로 현수막과 부동산을 통해 진행됩니다. 사무실 직거래 정보는 〈네모〉 사이트를 이용하시는 게 합리적입니다. 〈아프니까 사장이다〉 사이트는 자영업 대표 커뮤니티로써 임대 광고도 되지만 자영업 관련 유용한 정보도 덤으로 얻을 수 있습니다.

🏛 누구나 이용 가능한 무료 사이트

· 점포라인: https://www.jumpoline.com

· 두꺼비하우스: https://cafe.naver.com/dohouse

· 피터팬의 성공창업 이야기: https://cafe.naver.com/kig031

· 급매물과 반값매매: https://cafe.naver.com/bk1009

· 점포나라: https://www.jumponara.co.kr

· 좋은점포구하기: https://cafe.naver.com/ttcu

· 좋은 점포 직접 찾기: https://cafe.naver.com/goodstores

· 요식업음식점거래장터: https://cafe.naver.com/sup8052

· 창업센터: https://www.viptuja.com

· 창사장 카페: https://cafe.naver.com/navernover

· 카중나카페중고나라: https://cafe.naver.com/joonggonara

· 고창모고기집창업: https://cafe.naver.com/jmeat

· 호프집을 운영하는 사람들: https://cafe.naver.com/peace055

· 닭집 치킨전문점 사장되기&닭집닷컴: https://cafe.naver.com/darkzib

· 정성쿡 외식창업 아카데미: https://cafe.naver.com/darkzib

· 깔세114: http://www.ggalse.co.kr

· 대한민국 자동차정비 커뮤니티 우리동네 정비소: https://cafe.naver.com/horua2

· 아프니까 사장이다: https://cafe.naver.com/jihosoccer123

🏛 유료 사이트

· 일간지역정보지

· 네모상가 사무실: http://www.nemoapp.kr 부동산은 유료지만 건물주는 무료로 알고 있습니다

서울지역 실거래 사례 분석

다섯 채

강남구 지역
분석

들어가기에 앞서 기본 개념을 먼저 살펴봅시다. 빌딩 건물은 대부분이 대로변과 도로변에 있으며, 첫 번째 이면도로까지 자리 잡고 있습니다. 부연 설명을 하자면, 강남구는 기본적으로 모든 대로변과 도로변이 근생과 사무

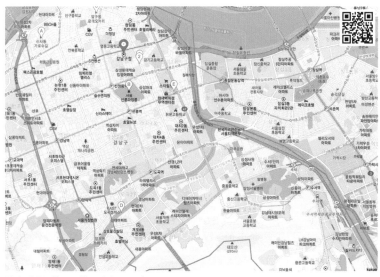

출처: 카카오맵(https://map.kakao.com)

용으로 이용되는 곳입니다. 첫 번째 이면도로도 마찬가지인데요. 이면도로는 도로변에 비해서 월세가 저렴하니, 1~2층은 주변 빌딩에서 상시 근로하는 사람들이 직접 소비하는 업종들로 주로 일반, 휴게음식점 상권이 형성됩니다. 좋은 입지와 그렇지 않은 입지로 구분해볼 수 있는데요. 좋은 입지는 평당값이 비싼 곳을 말합니다. 그러니 최대한 활용해야 수익성이 맞춰지겠지요?

강남구 지도입니다. 강남구를 소개하는 이유는 우리나라에서 가장 땅값이 비싼 지역이라는 상징성이 있기에 그만큼 수요가 가장 많은 지역입니다.

땅값이 비싼 데는 이유가 존재합니다. 상권이 형성되어 있고 그에 따라 소비가 이루어지고 있는데요. 소비성은 개별 자영업자들이 돈을 벌 수 있는 환경이 됩니다. 소비 특성에 따라 상권을 분류해볼 수 있습니다. 그리고 상권마다 주변의 집객시설과 특성이 다르다는 점 또한 알고 계셔야 개별적으로 잘 파악할 수 있습니다. 각 빌딩 건물별로 흐름이 모두 다른데요. 이를 알기 위해서는 상권을 먼저 알아야 합니다. 강남이 가장 복잡하고 발전된 상권이기에 강남을 알면 다른 곳들은 이해하기가 훨씬 수월해집니다.

강남은 지하철역별로 상권을 구분해볼 수 있습니다. 강남역처럼 대형 상권이 있는 반면 주거지역 중심인 곳도 있고, 주 5일 상권인 오피스 상권도 있습니다. 크고 밀집도 높은 상권이 여러 개 형성되어 있고 소비의 주체인 지역주민과 오피스 인구 그리고 서울 각지에서 강남으로 모여드는 이유가 있는 겁니다.

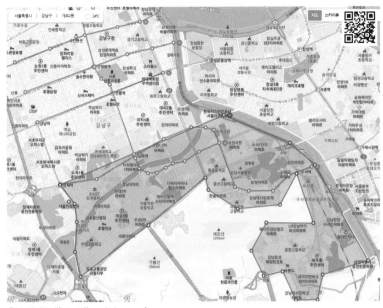

출처: 카카오맵(https://map.kakao.com)

우선 강남구는 기본적으로 대로변, 도로변에는 항상 빌딩 건물이 들어와 있습니다. 이렇게 최적의 장소를 이용하기 위해 가시성이 좋은 대로변에는 언제나 용도 지역에 맞는 고층빌딩들이 들어와 있는 걸 알 수 있습니다.

🚇 3호선 라인

3호선을 먼저 보겠습니다. 위 지도에서 파란색으로 음영 처리된 부분은 3호선 라인에서 아래쪽입니다. 이곳은 강남구에서 주거지 역할을 하는 지역입니다. 동으로는 개포동, 자곡동, 세곡동, 대치동, 일원동, 수서동이 있습니다. 그냥 주거를 중심으로 형성된 아파트 상권, 동네 지역 상권으로 생각하시면 됩니다. 이곳의 땅값은 강남지역에서도 가장 저렴하고 주거 중심이기 때문에 큰 병원들이 들어와 있습니다. 대표적으로는 삼성서울병원이 있습니다.

3호선에서 2호선라인 방향 위쪽은 2개로 구분됩니다.

(1) 도곡동에서 강남세브란스 병원이 있고 은마아파트까지 있는 라인

(2) 강남역에서 삼성역까지 라인

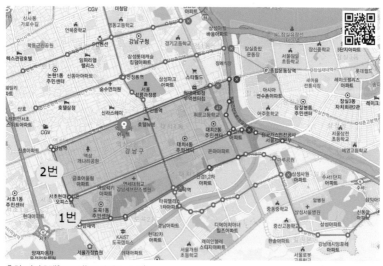

출처: 카카오맵(https://map.kakao.com)

(1)은 주거지역입니다. 지하철역이 가깝거나 대로변과 도로변에는 근생, 업무용 빌딩이 있지만 주거가 대세인 지역입니다 업무근생용 10%, 주거용 90% 정도. 도곡동, 역삼동, 대치동이 여기에 포함됩니다.

(2)는 근생, 업무시설의 비중이 20~30%, 주거용 70~80% 정도로 보시

면 됩니다. 블록마다 바깥쪽 테두리와 첫 번째 이면까지는 근생 업무용이고 나머지는 주거라고 보시면 됩니다. 대로변과 도로변은 모두 상업용^{근생} _{업무용} 빌딩으로 이루어져 있고, 첫 번째 이면까지도 상업용 오피스 빌딩이라고 보시면 됩니다. 지하철역마다 오피스 상권을 기본으로 곳곳마다 특색 있는 상권이 형성되어 있습니다. 강남역은 지하철역의 출구마다 상권이 모두 다릅니다.

예시) 강남역 상권 분포

· 1번 출구: 오피스 대성학원 상권

· 11~12번 출구: 학원 상권, 20~30대 초반 상권

· 9~10번 출구: 초입은 먹자 상권, 학원 상권, 중간은 먹자 상권, 끝부분은 오피스 상권

· 7~8번 출구: 삼성으로 먹고사는 오피스 상권, 주 5일 상권

2호선 라인

역삼역부터 삼성역까지 각각의 출구마다 상권의 특성이 다릅니다. 2호선은 가장 이용객이 많은 지하철이기도 하고, 강남 테헤란로를 관통하므로 강남 건물주가 목표라면 이 정도는 알고 계셔야 합니다.

다음 지도는 2호선_{강남역에서 삼성역}에서 9호선_{신논현역에서 봉은사역}까지의 구간입니다. 지하철 9호선은 강남에서 가장 최근에 생긴 지하철로 대로변을 보면 신축빌딩들이 많은 것을 볼 수 있습니다. 9호선 대로변은 전형적인 오피스 상권으로 점심 장사는 잘되지만, 저녁에는 조용한 편입니다. 저녁에

출처: 카카오맵(https://map.kakao.com)

는 지역 주민들 상대로 장사한다고 보시면 됩니다. 2호선 지하철역 근처에는 상권이 형성되어 있습니다. 특히 선릉역은 먹자라인이 형성되어 있습니다. 역삼역은 유흥업소 위주인 곳이 있고, 오피스 상권 또는 먹자 상권 등 출구마다 모두 다릅니다.

삼성역은 현대부지가 있고 지하도 개발 그리고 여러 개 노선GTX의 지하철 환승으로 강남역 이상으로 상권이 확장될 것으로 예상됩니다. 강남역에서 신사역까지 신분당선이 공사 중입니다. 특히 지도에서 보이는 왼쪽 서초구 반포동과 잠원동 일대 매물들의 호가가 많이 올랐습니다.

출처: 카카오맵(https://map.kakao.com)

위 지도는 신논현역에서 논현역까지 다시 봉은사역에서 청담역까지 음영 처리한 부분입니다. 신논현역에서 논현역까지 오른쪽 블록에는 '영동시장' 상권이 있습니다. 이곳이 강남구에 사는 사람들이 술을 마시러 오는 강남의 대표 먹자 상권입니다. 참고로 강남역은 서울 전 지역에서 모이는 상권이죠. 백종원님의 유명한 프랜차이즈 점포들이 영동시장 상권에 있었다는 사실은 널리 알려져 있습니다. 대로변과 도로변을 기준으로 논현동 가구거리, 학동역 건축자재밀집지역, 그 외에 전형적인 오피스 상권과 그에 맞춰서 형성된 소소한 먹자 상권이 있습니다.

🚇 7호선 라인

출처: 카카오맵(https://map.kakao.com)

논현역에서 신사역 다시 청담역과 그 윗부분까지 음영 처리된 부분입니다. 마찬가지로 대로변과 도로변 그리고 첫 번째 이면도로까지는 상업용 빌딩근생, 업무용으로 이루어져 있고 주거 위주인 지역입니다.

🚇 압구정 라인

1번은 압구정동 아파트 지역입니다. 1번과 2번을 함께 살펴봅시다. 압구정 현대, 미성, 한양 아파트들로 이루어져 있으며, 수십 년 전부터 서울 강남 부촌을 대변하는 상징적인 아파트 단지들입니다. 사람들이 밥을 먹고, 데이트를 하고, 쇼핑을 하고 외식을 하게 되는데, 모두 멀리 안 가고 아래로 내려옵니다. 그래서 자연스럽게 상권이 형성되었는데요. 대표적으로 청담동 상권, 압구정로데오역 상권, 압구정역 CGV 주변이 번성하게 됩니다. 최근

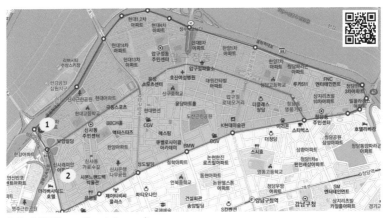

출처: 카카오맵(https://map.kakao.com)

에는 가로수길이 뜨면서 덤으로 세로수길도 생겼고요. 현재는 다시 압구정로데오가 가장 핫한 지역으로 변모되어가고 있습니다. 이곳에 방문하는 사람들은 소득 수준도 높은 편이라 명품 샵들이 모이는 집적 효과도 나타납니다_{청담동 라인}. '강건사' 카페에 상세한 분석을 업로드했으니 참고 바랍니다.

- **청담동: 고급 주거단지 명품 위주**

- **압구정로데오역: 쇼핑 명품 위주에서 먹자, 커피, 의류, 미용 등 복합 상권으로 이동**

- **신사역: 가로수 세로수길**

대로변과 도로변은 고급 자동차, 사치 품목, 명품 샵 위주입니다. 이러한 업종들로 이루어진 것은 배후세대의 경제력과 소비력에 근거해서 자연스럽게 상권이 형성되었습니다. 또한 서울 수도권 전 지역에서 이렇게 특성화된 상권으로 모이는 효과가 더해집니다.

매도심리분석:
내 빌딩은 얼마에 팔 수 있을까?

빌딩 건물을 팔 때 얼마의 가격을 받을 수 있을까요? 빌딩을 구매하는 목적은 매입 이후 실제 수익률과 미래의 매매차익이 결정요인이라 할 수 있습니다. 수익성이 높을수록 매매가격도 올라가니, 매매가격을 잘 받으려면 수익성을 올리는 것이 선행되어야 합니다.

> **매매 과정**
> 빌딩 매입 → 수익성 만들기 → 매매가격 책정 → 매수자 찾기 → 매매

🏛 빌딩 매입과 수익성 만들기

빌딩을 매입했으면 목적에 맞게 임대를 구성해야 합니다. 임차인을 처음부터 새롭게 구성할 건지_{신축, 리모델링} 아니면 현재 상태 그대로 가면서 공실 예정인 곳을 관리할 건지 이렇게 두 개로 구분됩니다. 신축_{리모델링}이라면 기존 임대 시세에 신축 건물이라는 프리미엄이 있어서 임대료가 높게

책정이 됩니다. 가성비 측면으로 본다면 리모델링이 가장 뛰어납니다. 월세는 신축과 비슷한 데 들어가는 비용은 신축의 3분의 1 이하 수준입니다.

반면 기존 빌딩을 매입한 경우는 신축에 준하는 컨디션이 아닌 이상 현재 임대 시세를 벗어나지 못하게 됩니다. 즉, 수익성에 한계가 있다는 뜻입니다. 하지만 우리의 목표는 현 상황보다 수익률을 높여야 합니다. 그럼 수익률을 높이려면 어떻게 해야 할까요?

수익성을 높이기 위한 방법

1. 최대 발생 가능한 수익률을 계산한다.
2. 현재 수익률을 비교해서 갭 차이를 계산한다.
3. 시각적 · 기능적인 개선을 위한 리모델링 견적을 최소비용으로 알아본다.

최대 발생 가능한 수익률은 원점에서 시작해야 합니다. 전부 공실이라고 가정하고 현재 시세와 신축 시세를 근생 용도와 사무 용도로 구분하고 총 수익률을 계산해 봅니다. 현재 수익률과 갭 차이가 있다면 그만큼을 채워야 합니다. 채우는 방법은 신축 리모델링은 입점 순서대로 채우면 되겠지만, 구축이라면 만기가 다가오는 임차인을 내보내고 신규로 채우면서 시세에 맞게 또는 시세 이상으로 채우면 됩니다.

수익률을 시세 대비해서 높게 올리고 싶다면 건물주들이 비선호하는 업종들 위주로 월세를 시세보다 약간 업해서 맞출 수도 있습니다. 예를 들면 다단계, 네트워크업체, 영업 직종, 음식점, 등을 생각해볼 수 있습니다. 매수자 입장에서 미래의 수익률이 중요하며, 현재의 임차구성은 잔금 이후 새롭게 할 수 있으니 매매의 결정요인이 되지는 못합니다. 앞장에서 말씀드렸지만 시세 이상 월세를 받으려면 물건 컨디션이 신축에 준하는 만큼 좋아야 합니다. 그리고 월세를 비싸게 받는 만큼 렌트프리를 유인책으로 주어야 합니다.

🏛 매매가격 책정과 매수자 찾기

빌딩 건물을 구매했고 관리를 통해서 수익률을 만들었다면 매수자를 찾게 됩니다. 건물주는 언젠가는 매매를 생각하는데요. 건물주는 '오랫동안 물건을 가지고 있었던 사람'과 '매매의 목적으로 구매해서 수익률을 만든 사람'으로 구분됩니다. 우선 자신이 빌딩 건물의 매매가격을 판단할 때 이렇게 정보를 습득하면서 매매가격을 정하게 됩니다.

1. 주변 최근 거래 사례(평당 가격 확인)

2. 본인 빌딩 컨디션, 입지에 대입해서 비교 검토

3. 가격 결정

4. 수익률에 맞춰서 가격 조정

5. 부동산에 광고 요청

매도인은 가장 먼저 거래했던 부동산, 물건지 주변 부동산, 빌딩 전문 중개법인에 전화해서 얼마에 거래가 가능한지 물어봅니다. 부동산 중개인들은 보통 최근 실거래 사례를 소개하면서 가격을 제시하게 됩니다. 여기서 매도인의 심리는 자신이 구매한 가격과 어느 정도의 시간이 흘렀는지 그리고 수익률 증가를 위해서 했던 노력, 들어갔던 비용을 생각해서 웃돈을 얹어서 가격을 결정하게 됩니다.

디스코나 밸류맵을 들어가 보면 실거래 사례와 현재 매물들의 가격 차이를 볼 수 있습니다. 바로 위에서 말한 매도인의 가격 결정을 위한 과정을 거치면서 가격이 형성되기 때문입니다. 하지만 시간이 지날수록 비싼 가격으로 거래되는 것이 현실입니다. 특히 강남지역은 더욱 그렇습니다. 그럼 비강남 지역은 어떨까요?

2021년 현재 시점에서 서울 수도권에 위치한 꼬마빌딩 가격은 상향평준화 되어가고 있습니다. 지역을 막론하고 초역세권에 위치한 올근생 빌딩은 모든 지역이 거의 평당 1억을 호가하고 있습니다. 초역세권은 지하철역에서 도보 1분 이내 역세권은 5분 이내라고 할 수 있습니다. 역세권도 7~9천 사이를 호가합니다. 그럼 거래가 될까요? 강남만큼은 아니지만 드문드문 거래 사례가 나오고 있습니다. 그럼 이런 결론이 나오게 됩니다.

1. 가격이 낮아지면 거래가 된다.

2. 가격을 얼마나 낮출 것인가?

구매자 입장에서 구매결정의 포인트는 '가격', '수익률', '미래가치'입니다. 그러고 나서 상권 입지 컨디션을 보게 됩니다.상권 입지와 건물 컨디션은 세부 검토사항입니다. 현재의 수익률과 미래의 시세차익 두 개 중에서 굳이 선택하자면 미래의 매매차익이 우선순위인 사람들이 그래도 더 많은 것 같습니다.가격이 낮을수록 현재의 수익률을 중요하게 생각하고, 가격이 높을수록 미래가치를 더 중요하게 생각합니다. 수익률을 올리려면 매매가격을 낮춰야 하겠지요.

역세권 또는 역세권에 준하는 사거리 코너와 같이 입지가 좋다면 서울 기준 4%면 빠르게 거래됩니다. 하지만 수익률은 정해져 있는데 매매가격은 계속 올라가니 시장에서는 3% 이하인 물건이 월등히 많습니다. 입지, 상권, 컨디션이 모두 좋다면 이제는 미래가치가 결정의 포인트가 되는 겁니다.비싸게 주고 사더라도 나중에 오르기만 하면 된다는 생각을 말합니다. 즉 빌딩 건물의 매매가격을 결정할 때는 주변의 거래 사례와 나와 있는 물건들 그리고 인접한 지역에서의 비슷한 물건들과 강남에서 비슷한 가격대의 물건까지 검토해서 가격을 결정하게 되며, 합리적인 가격이라면 거래가 성사됩니다.

10억 이하 서울 vs 수도권

이번 장부터는 금액대별로 구매할 수 있는 물건을 소개하고 거래 사례를 소개하겠습니다. 10억 이하, 30억 이하, 50억 이하, 100억으로 총 4개로 구성이 될 텐데요. 수요자는 가격이 낮은 순으로 많게 됩니다.

출처: 카카오맵(https://map.kakao.com) 현재 매매 가능한 10억 이하 물건들의 위치도입니다.

10억이라면 매우 큰 돈이지만, 빌딩매매 시장에서만 본다면 가장 작은 단위의 금액이라고 할 수 있습니다. 그럼 10억 물건을 먼저 소개하고 비교 분석해 보겠습니다.

🏛 서울 수도권 10억 이하 물건

올근생이 있을 수도 있지만, 대부분은 주택이 한층 이상 끼어 있으며 올근생으로 용도 변경 가능합니다

1. 서울 한강 이북: 다가구, 상가주택 대지지분 40평 이하 및 구분상가

2. 서울 한강 이남: 다가구, 상가주택 대지지분 20평 이하 및 구분상가

3. 수도권: 구올근생, 다가구, 상가주택 대지지분 50평 이하 및 구분상가

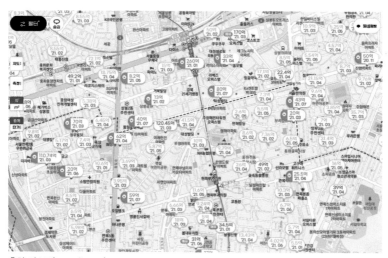

출처: 디스코(www.disco.re)

주택이라면 10억 이하 물건은 많이 있습니다. 반면 올근생 물건은 별로 없습니다. 있다고 하더라도 1~2개 층은 주택입니다. 이것도 한강을 중심으로 북쪽 주로 강북구, 도봉구, 중랑구를 말하며 대지지분도 40평 이하 입니다 요즘은 가격이 올라서 30평 이하라고 생각하시면 됩니다. 서울 중구 구도심 쪽이라면 20

평 이하입니다.

지도 이미지는 서울 중랑구 기준 10억 이하 단독주택, 상가주택이 포함된 실거래 사례 및 실제 물건 현황입니다. 그럼 '10억 이하 주택은 이렇게 많이 있는데, 10억 이하 근생용 건물은 왜 이렇게 없는 걸까?'라는 의문이 생깁니다. 기본적으로 입지 상권이 어느 정도는 있어야 근생용으로 쓸 수 있습니다. 근생용으로 써야 월세를 받을 수 있고요. 주택은 원·투룸 전용 목적으로 만든 것이 아니면 월세를 얼마 받지 못합니다. 상권 입지가 그렇게 좋지 않아도 주택으로 이용 가능합니다. 그래서 주택용 토지는 가격이 저렴할 수 있습니다 주택용 토지보다 근생용 토지가 더욱 비쌉니다.

그럼 10억대 물건을 소개하는 이유는 앞장에서 말씀드렸지만 다시 한 번 말씀을 드리면 꼬마빌딩 시장에 진입하려면 최소한 현금 10억은 있어야 하니, 10억을 모으는 것을 목표로 현금 3~4억으로 구매 가능한 상가 주택, 근생용 건물을 소개하는 겁니다. 10억 건물이 있고 올근생이거나 올근생으로 용도 변경이 가능하다면 대출이 가능합니다. 또한 기보증금이 있으니 현금 3~4억으로 구매가 가능합니다. 그럼 최근에 거래된 사례를 소개하겠습니다.

🏛 신당동 거래 사례

- 거래 시기: 2021.04.
- 매매가: 10억
- 상업지역
- 대지면적: 20.9평
- 평당가: 4,785만 원

소재지	서울 중구			
	주변 역	신당역(2호선, 6호선)	도로 상황	6M * 4M 코너

토지	대지면적	69.10m²	20.9평	
	용도지역	일반상업지역		
	공시지가	1,485만 원/평	합계	31,033만 원

건물	연면적	201.44m²	60.9평	
	건폐율	79.4%	용적율	219.3%
	층수	지하 1층 / 지상 3층	승강기	0대
	주차	0대	준공년도	1986

금액	보증금	13,800만 원	임대료	187만 원
	수익율	2.6%	관리비	
	평단가	4,785만 원	관리비 지출	
	매매가	10억 원	월 수익	187만 원

- 신당역(2호선, 6호선)에서 도보 약 1분 거리에 위치한 초역세권 건물로 접근성이 매우 뛰어나다.
- 6M * 4M도로 코너에 위치한 건물로 가시성 또한 뛰어나다.
- 일반상업지역으로 추후 신축 시 그 가치가 더욱 올라가는 건물이다.

신당역 도보 1분 거리에 있으며 상업지역입니다. 보시는 대로 대지는 20.9평이고, 평당가 4,785만 원입니다.

신당역 역세권 코너 자리로 입지가 좋아서 상가주택으로 이용 중이지만, 토지 면적이 너무 작아서 신축으로는 의미가 없습니다. 이 물건은 주택 부분을 근생으로 용도를 변경해서 올근생으로 이용하되 그래야 대출이 가능, 현재 건물 컨디션이 별로 좋지 않아서 신축에 준하는 수준으로 리모델링을 해서 임대료를 올리는 것이 최선의 이용입니다. 현재는 수익률이 2.6%

지만 리모델링을 해서 임대를 다시 구성하면 3~3.5%의 수익이 가능합니다. 이후 뒤쪽 대지와 함께 매매한다면 비싼 가격으로 매매도 가능하겠지요. 다음은 위치도입니다. 신당역 2호선 북쪽 상업지역에 자리 잡고 있습니다.

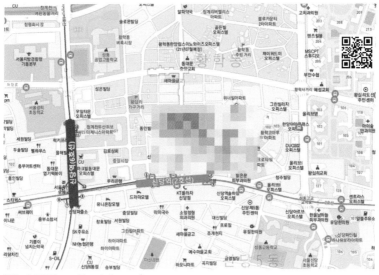

출처: 카카오맵(https://map.kakao.com)

🏛 강북구 수유동 거래 사례

- 거래 시기: 2020.07.
- 평당가: 1,700만 원
- 매매가: 6.8억
- 2종 일반주거지역
- 대지면적: 40평

2020~2021. 04 수유동 실거래 사례
출처: 디스코(www.disco.re)

위치는 지도상 도로변 중 하나이며 코너에 자리 잡고 있습니다. 금액이 저렴하고 현재 근생으로 이용 중이며, 신축 시 동네 도로변 상권C급 상권으로 올근생 또는 상가주택으로 이용 가능합니다. 개인 공간이라면 위치까지 오픈해서 신축 시 수익률 및 업종까지 안내해 드리고 싶지만 개인 정보 문제로 한계가 있음을 양해 부탁드립니다. '강건사' 카페에 오시면 많은 정보들을 보실 수 있습니다.

🏛 경기도 성남시 수정구 단대동 거래 사례

- 거래 시기: 2020.08.
- 매매가: 10.7억
- 대지면적: 45평
- 평당가: 2,377만 원
- 2종 일반주거지역

2020~2021. 04 성남지역 단대오거리역 인근 실거래 사례
출처: 디스코(www.disco.re)

　이 물건은 단대오거리역에서 도보 3분 거리에 자리 잡고 있으며 도로 변은 아닙니다. 첫 번째 이면에 있으며 성남 세무서와 공원이 있어서 상가주택으로 쓸 수는 있지만, 실제로는 해당 물건과 주변이 올근생 사무용으로 이용되고 있습니다. 리모델링 후 수익률 증가가 가능한 물건입니다. 주소와 상세지도는 모자이크 처리한 점 양해 바랍니다.

　10억대 물건에서 역세권에 도로변까지 생각한다면 욕심입니다. 경기권으로 눈을 돌리면 역세권은 가능할 수 있습니다. 임대구성을 만들고 수익률을 올린다면 충분히 매매차익이 가능합니다.

강남 30억 vs
강북 30억

🏛 강남구 역삼동 거래 사례

- 거래 시기: 2020.07.

- 매매가: 32.9억

- 대지면적: 60평

- 평당가: 5,529만 원

- 3종 일반주거지역

강남구 역삼동 세브란스사거리 주변 실거래 사례
출처: 디스코(www.disco.re)

강남구 역삼동 세브란스 사거리 첫 번째 이면에 자리 잡고 있으며, 2020년 07월에 거래된 사례입니다. 평당 5,529만 원이면 무척 좋은 가격입니다. 해당 지역이 대로변 기준 평당 9,000만 원 첫 번째 이면 6,000~7,000만 원 정도가 시세인데요. 이 정도면 도로를 접하지 않는 맹지형 토지를 구매한 가격이라고 보시면 됩니다 해당 물건은 맹지가 아닙니다. 대지면적이 60평이기에 신축을 해볼 만한 면적입니다. 다만 역세권이 아니기에 오피스 입지로는 조금 아쉽지만 사옥용 오피스로는 임대 가능합니다. 근생업종으로 이용하기에도 어렵습니다.

🏛 서초구 서초동 거래 사례

- 거래 시기: 2021.01.
- 매매가: 20.7억
- 대지면적: 46평
- 평당가: 4,500만 원
- 1종 전용주거지역

남부터미널역에서 도보 3분 거리에 위치한 대로변에서 첫 번째 이면 도로를 가는 세로형 도로에 위치한 입지입니다. 단독주택으로 물건지 바로 옆쪽은 오피스용 건물로 이용 중이며 1종 전용 주거지역으로 건폐율 50%, 용적률 100%를 적용하니 신축을 하더라도 현재의 연면적보다 적습니다. 따라서 단독주택인 현 상태를 개조해서 실사용 목적으로 구매한 듯합니다.

남부터미널역 도보 3분 거리 주변 실거래 사례
출처: 디스코(www.disco.re)

임대용으로는 통으로 실사용 목적인 사옥용 오피스 임차인을 구해야
하는데, 수익용으로는 리모델링을 해도 3% 이하가 될 것으로 보입니다.
현재는 2.5% 수준입니다. 실제 사옥으로 사용할 목적이라면 구매해도 되
지만 수익용이라면 아마 구매하지 않았으리라 생각됩니다.

🏛 중구 신당동 거래 사례

- 거래 시기: 2020.04.
- 매매가: 24.5억
- 대지면적: 35평
- 평당가: 6,922만 원
- 상업지역

신당역 도보 30초 주변 실거래 사례
출처: 디스코(www.disco.re)

　해당 물건은 신당역에서 도보 1분 이내에 위치한 지역입니다. 신당역은 재래시장이 있어서 사시사철 유동인구가 많기로 유명합니다. 고객들의 나이대가 50~60대가 많은 지역으로 연령대에 소비가 강한 업종들로 이루어져 있습니다. 구도심이라서 대지면적이 작기에 신축으로는 의미가 없지만, A급 상권으로 볼 수 있을 만큼 인구 유동과 상권이 형성되어 있어서 현재의 수익성과 미래의 매매차익도 생각할 수 있는 지역입니다. 리모델링과 업종 변경을 통해서 수익성 향상이 가능합니다. 현재는 매도호가 1억 정도 수준으로 좋은 거래였다고 생각합니다.

🏛 동대문구 용답동 거래 사례

- 계약 시기: 2020.05.
- 매매가: 26.86억
- 대지면적: 96평

- 평당가: 2,798만 원

- 3종 일반주거지역

신당역 도보 30초 주변 실거래 사례
출처: 디스코(www.disco.re)

　용답동 물건은 장한평역에서 500m 떨어진 도보 7분 거리에 자리 잡고 있습니다. 장한평역 대로변 뒤 첫 번째 이면도로_{상권 형성}에 있으며, 장안평역 이면도로는 오래전부터 자동차 수리 부품 업체들로 유명합니다. 장한평역 건너편에는 서울에 몇 개 없는 중고차매매단지가 있으니 자연스럽게 자동차 관련 업종으로 상권이 형성된 점도 있습니다. 해당 입지는 현재 1층 단층 건물로 상권이 형성되어 있어서 신축 시 근생 오피스 모두 가능한 입지입니다.

　도로변은 평당 4,000만 원에 거래된 사례가 있고 현재는 매도호가 평당 4,500~5,000 정도입니다. 전면이 좁고 뒤로 긴 것이 아쉽지만, 대신 역세권에서 조금 떨어졌어도 평당 3,000만 원이라 신축 시 수익형 빌딩으로 나쁜 선택은 아닙니다. 아마도 해당 지역을 잘 아는 사람이 거래한 것으로 보입니다.

강남 50억 vs 강북 50억

🏛 **중구 신당동 거래 사례**(약수역)

- 거래 시기: 2021.01.

- 매매가: 45.47억

- 대지면적: 60평 두 개 필지

- 평당가: 7,578억

- 2종 일반주거지역

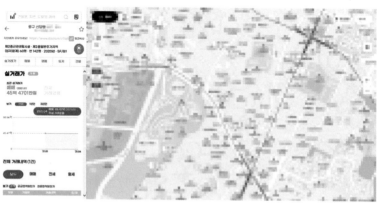

출처: 디스코(www.disco.re)

약수역에서 동대입구역으로 올라가는 동호로 우측에 위치한 건물입니다. 약수역 메인에서 벗어난 지역으로 살짝 언덕이기도 하고, 인구 유동이 많지도 않고 상권이 활성화된 곳도 아닙니다. 금액은 평당 7,578만 원에 거래되었습니다. 그럼 이 거래는 어떤 거래일까요? 확인해보니 이 물건은 두 개 필지 합 60평 신축용 오피스 꼬마빌딩으로 거래가 되었습니다. 연면적이 142평으로 평당 건축비를 따져보면 8.5억 이것저것 해서 10억 정도 들어갔다고 하면 토지가격이 35억 평당 5,800만 원 정도입니다. 이 정도면 서로가 윈윈할 수 있는 거래였다고 생각합니다.

약수역은 한강 다리_{동호대교} 하나만 건너면 강남이고, 을지로, 충무로, 명동, 광화문과도_{강북 땅값이 가장 비싼 지역} 가깝습니다. 약수역, 금호역, 신금호역, 옥수역 근방은 모두 주거지로써 뜬 지역이죠. 가격은 탈 강북으로 강남지역에 준하는 수준입니다. 그중 약수역은 전통적인 알부자들이 많이 살기로 유명합니다. 동대문 시장과 가까운 입지에 강남과 강북을 모두 연결하고 더블 역세권이니 동대문시장에서 돈 좀 번 사람들이 이 일대에서 주택 구매가 많았던 걸로 알고 있습니다.

약수역은 주거용 사무용으로써의 기능을 할 수 있고, 상권도 어느 정도 형성된 상황인 데 반해 가격은 강남처럼 급등한 지역은 아니라서 매수자들이 선호하는 지역입니다. 좋은 입지는 바로 계약될 정도로 인기 있는 지역입니다.

참고로 같은 라인 약수역에 가까운 쪽은 평당 1억에 거래된 사례도 있지만, 약수역에서 버티고개역 쪽 라인은 같은 시기에 평당 4,900만 원에 거래된 사례도 있습니다. 도로변이긴 해도 이 지역은 상권도 없고 차량 통행만 있는 언덕입니다. 또한 약수역과 인접 역인 5호선 청구역에서 신금호역으로 가는 청구로는 평당 3,900만 원에 거래된 사례도 있습니다.

🏛 노원구 공릉동 ***-** 거래 사례

- 거래 시기: 2020.07.
- 매매가: 55억
- 대지면적: 205평
- 평당가: 2,682만 원
- 3종 일반주거지역

출처: 디스코(www.disco.re)

공릉동 거래 사례입니다. 지하철로는 태릉입구역이 있으며 대로변 쪽은 평당 5,000만 원, 이면도로는 평당 2,500만 원 정도가 실거래 시세입니다. 그럼 해당 물건은 어떠한 특징이 있기에 거래가 되었을까요?

1. 태릉입구역은 더블역세권으로 역세권에 속한다. → 도보 3분

2. 경춘선 숲길이 있다. → 인구 집객 및 유동이 있다.

3. 12m 도로변을 접하고 있다.

4. 전면 길이가 24m로 가시성이 좋다.

5. 배후세대와 과거 북부지청이 있던 상권으로 동네 지역 상권으로 활성화되어 있다.

6. 낡고 오래된 구축건물이다.

역세권으로 입지가 좋고 도로를 접하고 있으니 가시성도 좋고, 전면도 좋으며, 면적도 넓어서 신축용지로 거래된 사례로 보입니다. 사실 이 정도면 평당 3,000만 원에도 거래될 만한 물건으로 매수가 혜택을 본 거래였다고 생각합니다.

🏛 강남구 도곡동 ***-** 거래 사례

- 거래 시기: 2020.11.
- 매매가: 45억
- 대지면적: 65평
- 평당가: 6,923만
- 2종 일반주거지역

출처: 디스코(www.disco.re)

강남에는 두 개의 대표 주거지역이 있습니다. 북쪽으로는 압구정동이 있고, 남쪽으로는 도곡동과 개포동이 있습니다. 그 중간은 주거 상업 업무 복합이 되겠습니다. 이번 거래 사례는 매봉역 역세권에 위치한 단독주택 지역으로 상가 사무실 주택 혼합 상권입니다.

1. 매봉역 역세권 도보 3분
2. 상권이 형성되어 있음

대로변 남부순환로는 오피스 위주의 상권이며 그 이면에는 상가주택들로 이루어져 있습니다. 하지만 강남이기에 2~3층은 중소형 오피스와 주택으로 이용 중이며, 1층은 오피스 대상 점심 장사 그리고 동네 주민들의 외식으로 자연스럽게 근생 점포들로 이루어져 있습니다. 대부분이 음식점입니다. 거래 금액은 시세보다 조금 업된 금액으로 계약되었으며 보통 시세보다는 저렴하게 거래되는 특징이 있는 만큼 매도우위인 거래가 아니었나 생각해 봅니다.

본 물건은 올근생인 물건으로 바로 맞은편은 80% 이상이 주택인 지역입니다. 코너 자리도 아니고 굉장히 좋은 금액도 아니기에 물건지를 잘 알거나 연고가 있는 사람 또는 신축도 염두에 둔 실사용 또는 사옥 목적으로 구매하지 않았나 생각해 봅니다. 수익률은 3% 이하입니다.

🏛 서초구 잠원동 **−** 거래 사례

- 거래 시기: 2020.03.
- 매매가: 52.8억
- 대지면적: 95평
- 평당가: 5,557만
- 2종 일반주거지역

서초구 잠원동은 강남구 논현동과_{맞은편} 함께 비교해 봐야 하는 곳입니다. 소개하는 물건은 강남대로를 중심으로 서쪽 잠원동에 있습니다. 지하철역으로는 논현역과 신사역 사이에 있습니다.

물건 특징

1. 잠원동은 서초구라는 이유만으로 강남구보다 저렴하다.

2. 논현역 도보 3분, 신사역 도보 11분 거리다.

3. 논현역 이면 먹자 상권에 위치하여 유동인구가 있는 지역이다.

4. 신사역 신분당선이 개통 예정이다.

5. 최근 거래가 많은 잠원동에 있다.

    물건이 위치한 입지는 서초구라는 이유로 가격 경쟁력이 있는 지역입니다. 건너편 논현동은 평당 1,000만 원 이상 더 비싸게 거래되는 편인데요. 물론 개별 입지에 따라서 잠원동이 더 비쌀 수도 있습니다. 신분당선 신사역이 2022년에 개통 예정입니다. 1년여를 남겨두고 현재 매도가격에는 이미 반영이 되어있지만, 내년 이후로도 매도호가는 계속 올라갈 것으로 예상해 봅니다.

    논현역에서 도보 3분 거리 그리고 먹자 상권 메인은 아니지만, 약간 벗어난 지역으로 유동인구가 어느 정도 있는 지역입니다. 물건지 주변 잠원동 일대는 전체적으로 노후한 느낌으로 2019~2020년에 거래가 꽤 많이 일어났습니다. 현재 강남에서 가장 핫한 지역이 신사동 일대_{압구정로데오역} _{주변}라서 위례신사선, 신분당선 그리고 현재의 위상에 맞물려 상대적인 편 승효과가 있지 않았나 생각이 듭니다. 강남구에 비해서 저렴합니다. 평당 5,500만 원 정도에 거래되었으며 1년이 지난 현재 시점에서는 평당 7,000 만 원 정도가 시세입니다.

대지면적도 넓고 신축에 제한이 없으나 전면이 좁고 뒤로 긴 것은 아쉽 습니다. 추가 상승 여력이 있는 만큼 좋은 거래였다고 생각합니다. 해당 입지는 근생 사무용 주택 모두 가능한 입지이며 올근생을 추천합니다.

🏛 송파구 ***-* 거래 사례

- 거래 시기: 2020.11.
- 매매가: 44.5억
- 대지면적: 91평
- 평당가: 4,890만 원
- 3종 일반주거지역

송파구 물건을 소개하겠습니다. 석촌역에서 도보 2분 거리에 있고 대 로변을 접하고 있습니다. 다만 완전한 대로변은 아니며 석촌역에서 석촌 고분역까지 사이에 있는 석촌동 고분군으로 지하도로인 형태입니다. 대 로변이지만 대로변을 접하고 있는 것보다는 못하다고 할 수 있습니다. 평 당 5,000만 원 이하로 계약을 했는데요. 송파구 어디든 도로를 접하고 있

다면 평당 5,000만 원은 부르니 이 정도면 가격만 봤을 때는 좋은 가격에 구매하지 않았나 생각해 봅니다. 토지 모양은 뒤로 길고 앞면이 좁습니다. 그리고 석촌역에서 나와서 빌딩까지 상권이 형성되어 있지 않아서 _{상권이 단절되어 있음} '이 가격에 거래가 되었구나'라는 생각이 듭니다.

해당 입지는 오피스 빌딩 또는 사옥용입니다. 1층은 유동인구가 있는 입지는 아니라서 필로티로 주차장을 쓰고 층을 올리는 것도 검토해볼 입지입니다. 아니면 사무실로는 임대가 나갈 것 같습니다.

강북 100억 VS
강남 100억

이번 시간은 강남과 강북에서 같은 금액대의 빌딩은 어떻게 다른지 100억 매매가 실거래 사례를 가지고 비교 분석해보겠습니다.

🏛 중랑구 상봉동 ***-* 거래 사례

- 거래 시기: 2020.12.
- 매매가: 100억
- 대지면적: 111평 _{연 108평}
- 평당가: 9,009만 원

🏛 강남구 논현동 ***-* 거래 사례

- 거래 시기: 2020.11.
- 매매가: 100억
- 대지면적: 84평 _{연 263평}
- 평당가: 1.19억

해당 물건으로 볼 때 매매가격은 100억으로 동일하지만, 평당 가격은 3,000만 원이나 차이가 납니다. 대지면적도 차이가 납니다. 상봉동의 경우 연면적이 108평이니 아마도 단층건물인 듯합니다. 로드뷰를 보면 2층인데 아마 불법건축물인 듯합니다. 대로변을 접하고 있고 지하철역인 상봉역 바로 앞에 있으니, 신축 목적으로 구매한 것으로 보입니다. 하지만 평당 가격은 중랑구에서 평당 9,000만 원이면 거래 사례도 별로 없고 강남에 근접한바 저렴하게 구매했다고 볼 수는 없습니다. 분명 구매한 목적이 있을 텐데, 그 구매 동기가 궁금해지네요.

🏛 수익률 측면

우선 지하철역 2개 노선이 있고 상업지역의 역세권입니다. 강남은 아니지만 수익률 측면에서 꽤 높은 수익률이 가능해 보입니다. 또한 해당 지역은 A급 프랜차이즈가 입점 가능한 입지입니다. 현재는 투썸플레이스가 이용하고 있고, 건너편에는 스타벅스 그리고 주변에는 유동인구가 많아야 입점이 가능한 업종들로 이루어져 있습니다.

지층 1층, 2층까지는 근생업종이 가능해 보이고, 3층부터는 업무용오피스텔로 개별 분양할 때 수익률을 극대화할 수 있을 것 같습니다. 물론 땅이 조금 작긴 하지만 한다고 하면 못할 이유는 없습니다.

논현동의 경우 선정릉역 도보 4분 정도 거리에 있으며 첫 번째 이면 코너 입지입니다. 선정릉역은 9호선으로 가장 최근에 강남에 들어온 지하철로 지하철 이용객이 굉장히 많은 노선으로 유명합니다. 또한 대로변은 신축빌딩들이 많이 건축되고 있고, 오피스지역으로 자리매김하고 있습니다. 해당 지역은 근생지역으로 변해가고 있으며, 1층 점포 중 식당과 커피 점들이 돈을 벌고 있는 지역입니다. 수요는 많은데 공급이 부족한 지역으로 월세는 계속 올라가고 있습니다.

🏛 시세 차익 측면

과연 5년 후, 10년 후에 두 개 물건이 같은 시점에 동시에 매각된다고 할 때 얼마에 매각이 될까요?

확인해볼 포인트는 두 가지입니다.

1. 서울 지역 상향평준화

2. 강남 프리미엄

상향평준화는 현재 진행 중입니다. 서울 강북지역 역세권에서 수익률이 4% 이상인 건물들의 매도 호가는 평당 1억에 근접해 있습니다. 급한 사람도 있지만 월세가 잘 나오는 상황에서 매도인들은 급매로 팔 확률보다는 그렇지 않을 확률이 더 높습니다.

시간은 계속해서 흐릅니다. 그리고 강남 물건은 제한적이고 가격은 계속 올라갑니다. 여기에 더해서 강북지역 A급 물건들 역시 같이 상승합니다. GTX로 인해 수도권에서 강남까지 출퇴근 시간이 굉장히 많이 줄어듭니다. 그렇다고 강남만큼 가격이 올라가지는 않을 것 같습니다. 강남에 대한 프리미엄은 유효합니다. 강남구 입성, 부촌 진입이라는 프리미엄은 더욱더 가속화될 듯합니다.

그럼 5년, 10년이라는 시간이 지난다고 하면 현재는 중랑구에서 평당 9,000만 원에 거래되는 것이 현재는 거의 없지만 분명히 사례는 더 많아질 듯합니다. 현재로부터 50년 정도가 지났을 때는 어떨까요? 이 부분은 수요와 공급의 논리로 따져봐야 합니다. 우리 세대에서의 재테크 투자 측면과는 먼 이야기이지만 나중에는 큰 변화가 있을 테고, 제2의 강남은 분명히 나타나리라 생각합니다.

역대급 개발호재 비교분석:
삼성역 vs 강남역

삼성역은 강남에서 가장 핫한 개발 이슈가 있는 지역입니다. 강남역에 있는 삼성 사옥과 삼성역에 들어서는 현대사옥과의 비교분석 그리고 매물과 거래 사례의 상관관계에 대해서 알아보겠습니다.

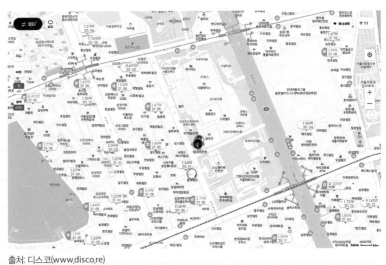

출처: 디스코(www.disco.re)

위 지도는 2020~2021년 실거래와 2021년 5월 30일 기준 매물들을 보여주고 있습니다. 삼성역을 중심으로 현대자동차그룹 부지가 공사 중이고, 삼성역은 GTX A, C 두 개의 광역철도가 들어오게 되며, 코엑스지하화 및 지상층 녹지화로 강남구 역대급 개발호재가 진행 중입니다. 그럼 주변 매물들은 이러한 영향을 받게 되는데요. 우리는 세 가지를 판단해 봐야 합니다.

1. 강남구에서 유동인구가 가장 많고 대기업이 들어온 지역과의 평당 가격 차이 (현재 시점 기준)
2. 2020~2021년 최근 실거래가 확인
3. 현재 매물들의 평당 가격

구매자들은 현재의 수익성과 미래가치를 따져보고 구매를 결정합니다. 하지만 삼성역처럼 역대급 개발호재가 있다고 해서 섣불리 구매하는 것은 리스크가 있습니다. 개발호재는 확정된 사실이지만, 이미 현재가격이 미래가치를 반영한 가격일 수 있기 때문입니다. 대기업이 들어와 있고 유동인구가 많은 지역은 강남역입니다. 강남을 대표하는 상징성이 있는 지역입니다. 따라서 역대급 개발호재이기에 강남역과 비교되곤 합니다. 그럼 강남역과 삼성역의 평당 가격 차이를 꼭 체크해볼 필요가 있습니다.

다음 지도는 강남역 주변 실거래 가격과 2006~2021년 현재 매물을 보여주고 있습니다. 대로변과 첫 번째 이면 그리고 다른 블록으로 구분해서 봐야 합니다. 대로변은 평당 4억 정도 거래 사례가 있습니다.

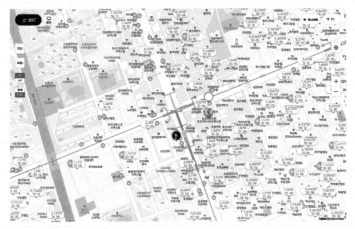

삼성역 주변 실거래 사례와2006~2021년 물건의 이미지입니다. 삼성역 주변 대로변은 거래 사례가 없었습니다. 다만 바른 빌딩이 평당 2.9억 17.02에 거래된 걸로 짐작해볼 때, 또한 포스코사거리 왼쪽으로 테헤란로 대로

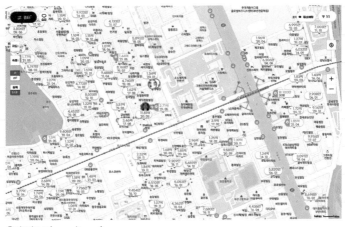

변이 3.77억, 2.68억에 거래된 사례가 있는 걸로 미루어보면, 과거의 매도 호가는 평당 4억 이상이었으리라 생각됩니다. 구매자들은 '삼성역이 강남역만큼 가격을 주고 살만한 가치가 있는가?'라는 의문으로 지금까지 거래가 없었으며, 삼성역 개발 호재가 발표되고 나서부터는 역대급 개발 호재이니 매물을 거두어들였거나 내놓아도 이제는 부르는 게 값이 돼버린 상황이 된 듯합니다.

매도인들은 이렇게 생각할 겁니다.

1. 강남역보다 더 좋아지는 게 사실이니 강남을 대표하는 상징성은 강남역이 아닌 삼성역이 될 것이다. 따라서 평당 가격도 강남지역에서 가장 비싼 지역이 될 것이다. 아마도 현재가치에서 평당 가격은 두 배 이상 뛸 것이다.

2. 삼성역에서도 가장 좋은 입지라면 부르는 게 값이 될 것이다. 현대차그룹 부지 가격만 봐도 그렇다. 정말 말도 안 되는 금액에 구매했으니 우리 땅 역시 비싸게 거래될 것이다.

그럼 미래는 어떻게 될까요?

삼성역은 지하철 3개 노선기존 2호선과 GTX 두 개 노선 확정입니다. 그리고 코엑스 지하화, 지상은 공원화한다고 하니 그 주변으로 상권이 형성되고 수도권에서도 사람들이 모이겠죠수도권에서 30분 이내 이동 가능. 사무실로의 이용은 기본이고, 대치동 유명 학원이 삼성동으로 분점을 낼 수도 있고, 그 외 수많은 강남의 지역적 특성이 있는 업종들이 모두 삼성역으로 몰려들 수 있을 거라 생각합니다. 그럼 공급은 제한되어 있는데 수요가 많아지면 당연히 월세는 올라가고 이는 곧 건물가치에 영향을 주게 됩니다. 가격이 올라가는 것은 기정사실이 되겠습니다.

하지만 부동산은 일정 지역이 오르면 다른 지역도 함께 오르는 현상이 있습니다. 삼성역에서 평당 최고가격이 갱신되면 이것은 강남구 전체적으로 퍼지게 됩니다. 왜냐하면 다른 지역은 상대적으로 저렴하게 느껴지게 되니, 그 가격이면 이곳을 사겠다는 생각을 해볼 수 있습니다. 따라서 함께 상승하게 됩니다. 역시 삼성역 상권이 너무 오르면 그 주변으로 상권이 이동할 수 있습니다. 월세가 비싸면 실력 있는 임차인들은 주변으로 이동해도 손님들이 오기 때문입니다. 만약 대치동 학원가가 삼성역으로 분점을 내서 자리 잡았는데, 임대인들이 월세를 터무니없게 올려버리면 학원가들은 임대료가 저렴한 다른 지역으로 갈 수도 있는 겁니다.

학원을 예로 든 것은 대치동은 교육열이 가장 높은 지역으로서 실력 있는 강사로 구성된 학원이 많기로 유명합니다. 대치동 1타 강사에게 수업을 들을 수 있다면, 그리고 이동 시간이 30분이 걸리지 않는다면, 수도권 부모들은 돈을 조금 더 내더라도 학원 등록을 시킨다는 논리입니다. 즉 대치동에 있는 학원들이 분점으로 확장을 검토해볼 수 있다고 생각합니다.

미래는 어떻게 될지 모르지만, 너무 비싼 가격은 분명히 거품이 끼어 있습니다. 삼성역은 현재 매도인들이 부르는 게 값이 되어버린 상황입니다. 만약 매수인이 삼성역을 원한다면 매우 정밀한 분석을 근거로 하여 가격의 적정성을 철저히 검증하고 접근해야 합니다.

강남빌딩 건물주를
목표로 하는 사람들

초판인쇄 2021년 8월 20일
초판 2쇄 2021년 10월 15일

지은이 강성일
펴낸이 채종준
기획·편집 신수빈
디자인 홍은표
마케팅 문선영·전예리

펴낸곳 한국학술정보(주)
주 소 경기도 파주시 회동길 230(문발동)
전 화 031-908-3181(대표)
팩 스 031-908-3189
홈페이지 http://ebook.kstudy.com
E-mail 출판사업부 publish@kstudy.com
등 록 제일산-115호(2000. 6. 19)

ISBN 979-11-6603-490-9 03320